REDAÇÕES 2023

Universidade Estadual de Campinas
Reitor
Antonio José de Almeida Meirelles

Coordenadora Geral da Universidade
Maria Luiza Moretti

COMVEST

Diretor
José Alves de Freitas Neto

Diretora Adjunta
Ana Maria Fonseca de Almeida

Coordenadora Acadêmica
Márcia Rodrigues de Souza Mendonça

Comissão de Seleção das Redações
Cynthia Agra de Brito Neves
Daniela Birman
Luciana Amgarten Quitzau

Secretária de Execução do Projeto
Heloísa Vieira da Silva

Conselho Editorial

Presidente
Edwiges Maria Morato

Carlos Raul Etulain – Cicero Romão Resende de Araujo
Dirce Djanira Pacheco e Zan – Frederico Augusto Garcia Fernandes
Iara Beleli – Iara Lis Schiavinatto – Marco Aurélio Cremasco
Pedro Cunha de Holanda – Sávio Machado Cavalcante

ORGANIZAÇÃO
COMVEST

REDAÇÕES 2023
VESTIBULAR UNICAMP | VESTIBULAR INDÍGENA

FICHA CATALOGRÁFICA ELABORADA PELO
SISTEMA DE BIBLIOTECAS DA UNICAMP
DIVISÃO DE TRATAMENTO DA INFORMAÇÃO
Bibliotecária: Maria Lúcia Nery Dutra de Castro – CRB-8ª / 1724

R245	Redações 2023 : vestibular Unicamp / organização : Comissão Permanente para os Vestibulares (Comvest). – Campinas, SP : Editora da Unicamp, 2023.
	1. Redação. 2. Exame vestibular. 3. Linguística – Coletânea. I. Universidade Estadual de Campinas. Comissão Permanente para os Vestibulares.
	CDD – 469.5
	– 378.1664
ISBN 978-85-268-1599-5	– 410

Copyright © by Comvest
Copyright © 2023 by Editora da Unicamp

As opiniões, hipóteses, conclusões e recomendações expressas
neste livro são de responsabilidade dos autores e das autoras e não
necessariamente refletem a visão da Editora da Unicamp.

Direitos reservados e protegidos pela lei 9.610 de 19.2.1998.
É proibida a reprodução total ou parcial sem autorização,
por escrito, dos detentores dos direitos.

Foi feito o depósito legal.

Direitos reservados a

Editora da Unicamp
Rua Sérgio Buarque de Holanda, 421 – 3º andar
Campus Unicamp
CEP 13083-859 – Campinas – SP – Brasil
Tel.: (19) 3521-7718 / 7728
www.editoraunicamp.com.br – vendas@editora.unicamp.br

SUMÁRIO

APRESENTAÇÃO

O novo livro Redações *do Vestibular Unicamp* 7

PARTE I

VESTIBULAR UNICAMP 2023

INTRODUÇÃO

Segurança pública e educação antirracista:
dois temas, dois gêneros discursivos 13

PROPOSTA 1 23

PROPOSTA 2 27

EXPECTATIVAS DA BANCA

PROPOSTA 1 31

PROPOSTA 2 34

REDAÇÕES DOS CANDIDATOS

PROPOSTA 1 39

PROPOSTA 2 75

PARTE II

VESTIBULAR INDÍGENA UNICAMP 2023

INTRODUÇÃO

A diversidade indígena e o ingresso na Unicamp: uma troca plural de saberes e aprendizagens 109

PROPOSTA 1 119

PROPOSTA 2 123

EXPECTATIVAS DA BANCA

PROPOSTA 1 127

PROPOSTA 2 128

REDAÇÕES DOS CANDIDATOS

PROPOSTA 1 131

PROPOSTA 2 139

APRESENTAÇÃO
O NOVO LIVRO *REDAÇÕES* DO VESTIBULAR UNICAMP

José Alves de Freitas Neto[1]
Márcia Mendonça[2]

O livrinho cresceu e foi rebatizado de *Redações*. Esta edição, de cara nova, apresenta uma novidade: pela primeira vez na história da Comvest, a publicação traz também textos do Vestibular Indígena, exibindo um potente mosaico das produções escritas na edição 2023 de acesso à Unicamp. Mais uma vez, presenteamos o público com o resultado de um processo de curadoria: não são os melhores textos entre todos os produzidos no ano de 2023; também não são os únicos textos de qualidade elaborados. Todos, decerto, são bons textos produzidos no contexto do ingresso na Unicamp, que merecem ser conhecidos por muitas pessoas.

Desde 2017, a Unicamp vem ampliando as possibilidades de ingresso nos seus cursos: cotas étnico-raciais, ingresso de medalhistas em olimpíadas de conhecimento, edital Enem, Vestibular Indígena. A primeira edição para o ingresso de indígenas brasileiros na universidade aconteceu em 2019, num processo que contou com 610 inscritos. Ao longo de cinco

---

[1] Diretor da Comvest.

[2] Coordenadora acadêmica da Comvest.

edições, o Vestibular Indígena foi construindo a sua identidade e alcançando ainda mais estudantes de diversas etnias. A partir de 2022, ele também passou a selecionar os estudantes da Universidade Federal de São Carlos (UFSCar) e, na edição de 2023, atingiu a importante marca de 3.480 inscritos, quando foi aplicado em quatro estados brasileiros: Amazonas, Mato Grosso do Sul, Pernambuco e São Paulo.

Essas oportunidades de acesso propiciaram a convivência universitária de um conjunto muito diversificado de pessoas nos *campi*, de tal modo que as experiências de cada um se agregam à coletividade e são impactadas por esse mosaico de saberes que hoje fica cada vez mais visibilizado. De fato, a chegada de estudantes das mais diversas etnias e regiões do Brasil e dos mais diversos contextos socioculturais aos *campi* da Unicamp possibilitou aprendizagens fundamentais a toda a comunidade universitária e trouxe desafios que o corpo docente, o corpo discente e a universidade como um todo devem enfrentar.

Esta coletânea busca ser mais um dos tantos espaços universitários em que *se dá a conhecer*. As propostas da prova, ao mesmo tempo que servem para o processo seletivo, revelam o perfil de estudante desejado(a) para a universidade e, ainda, os princípios caros à instituição, com temas que remetem, essencialmente, ao papel social da universidade: valorização da ciência, respeito aos direitos humanos e busca por uma educação de excelência acadêmica e eticamente comprometida. Os textos produzidos também dão a conhecer diversas dimensões da formação dos candidatos em escrita e em leitura: a diversidade de percursos escolares e seus vestígios na produção de texto, a constituição das subjetividades e os pontos de vista materializados em projetos de texto. Tais dimensões estão envolvidas no "saber escrever", este que é, muitas vezes, erroneamente compreendido como técnica neutra re[a]plicável para formatar "receitas textuais".

8 APRESENTAÇÃO

O processo de curadoria desta coletânea levou em conta a qualidade da escrita, claro, esta tomada como *ação situada*. Mesmo na situação do exame seletivo do vestibular, induz-se os sujeitos a avaliar a situação descrita na proposta, ler os textos da prova e tomar decisões para organizar seu *projeto de texto*. A curadoria deste livro *Redações* também considerou a perspectiva de montar um acervo, uma *coleção* de escritos do ano. Assim, em 2023, as redações aqui reunidas foram escolhidas como um conjunto representativo de produções escritas no contexto do Vestibular Unicamp e do Vestibular Indígena. Essa representatividade diz respeito não apenas ao atendimento da tarefa, mas, muito especialmente, às múltiplas dimensões nela envolvidas, como as capacidades de: a) realizar uma leitura *produtiva* dos textos da prova; b) configurar o texto no gênero solicitado; c) construir um projeto de texto relevante para o contexto de escrita descrito no enunciado; d) articular informações e argumentos em benefício de um *querer-dizer* do enunciador. Parece complexo (e talvez o seja), mas é o que fazemos em todas as situações de escrita, desde as mais simples até as mais complexas. O Vestibular Unicamp e o Vestibular Indígena, portanto, mobilizam essa concepção de escrita como prática situada na elaboração de suas provas de redação.

Convidamos vocês, leitoras e leitores, a conhecer as convocações aos moradores do bairro, os depoimentos dados ao projeto antirracista da escola, os artigos de opinião em um *site* local e as cartas abertas endereçadas ao Congresso Nacional e à população. E esperamos que eles reverberem discursos fundamentados, coerentes e potentes, vindos de corpos e mentes que colaboram para uma educação antirracista, que agem e congregam a comunidade contra ameaças à vida, que se posicionam para defender suas identidades e que convocam o poder legislativo para defender a Amazônia – tudo isso, em práticas sociais de linguagem.

PARTE I
VESTIBULAR UNICAMP 2023

VESTIBULAR UNICAMP 2023

INTRODUÇÃO

SEGURANÇA PÚBLICA E EDUCAÇÃO ANTIRRACISTA: DOIS TEMAS, DOIS GÊNEROS DISCURSIVOS

Cynthia Agra de Brito Neves
Daniela Birman

Selecionamos para este livro 30 redações que se destacaram na prova do Vestibular Unicamp 2023. Tais redações permitem constatar que os candidatos responderam de modo bastante competente às tarefas de *leitura* e *escrita* exigidas pela prova: leram o enunciado da proposta, as instruções dos itens *a, b* e *c*, e a coletânea de textos ali oferecidos; em seguida, escreveram seu texto no *gênero discursivo* que foi solicitado e de acordo com o seu *projeto de texto*.

Nota-se, portanto, que não há fórmulas nem modelos a serem seguidos, já que cada texto é um texto, bem planejado e redigido, embora não irretocável. O que a prova de redação do Vestibular Unicamp avalia a cada ano é a capacidade de o estudante ler *global* e *criticamente* os textos da prova e escrever a respeito do tema que lhe foi proposto no *gênero de texto* solicitado. Este ano não foi diferente.

Em 2023, o Vestibular Unicamp dispôs aos candidatos duas propostas de texto para que escolhessem uma para produzir. Caso escolhessem a **Proposta 1**, deveriam se colocar na situação de alguém que toma a iniciativa de escrever um *texto de convocação, injuntivo e argumentativo*, para uma reunião com a associação de moradores do seu bairro, cuja pauta deveria focar as providências a serem tomadas com relação à abertura de um *clube de tiro* na vizinhança. Nesse *texto de convocação*, os candidatos, então enunciadores-habitantes dessa comunidade, deveriam, necessariamente, destacar os perigos que envolvem a existência de um *clube de tiro* nas redondezas, argumentar contrariamente à posse ou ao porte de armas de fogo e, de modo ainda mais amplo, criticar uma política de segurança pública baseada no armamento da população brasileira.

As 15 redações da **Proposta 1** apresentadas neste livro atenderam prontamente a essas tarefas apontadas no enunciado de maneira bastante persuasiva, como é possível conferir mais adiante. Os candidatos assumiram a *máscara discursiva* de um(a) morador(a) de um certo bairro (*Santana, da Figueira, Jd. Campineiro, de Araras, Carolina Maria de Jesus, Brasil, Jd. da Paz, da Esperança, Vila Esperança*), que perdeu uma amiga (*de infância* ou *de escola* ou *melhor amiga*) da vizinhança (*Maria Clara, Amanda, Ana, Adriane da Silva, Ana Sá, Daniela, Maria de Souza, Maria*), vítima de uma bala "perdida" disparada por um CAC (Caçador, Atirador ou Colecionador).

Esse(a) morador(a) (que pode ou não ser membro de uma associação) ora convoca a associação de moradores do seu bairro (uma delas tem até nome: *AMJM – Associação de Moradores do Jardim Mirandópolis*), ora convoca diretamente sua comunidade, em nome da associação da qual faz parte, para uma reunião urgente. Em ambos os casos, a preocupação é a mesma: interditar a inauguração de um *clube de tiro* na vizinhança, tal como propõe a situação de produção dada.

14   VESTIBULAR UNICAMP

Além da preocupação em nomear o bairro, a amiga assassinada e a associação de moradores, alguns candidatos também optaram por batizar, ironicamente, os *clubes de tiro* como: "*Guns*", "*Clube de Tiro Messias*", "*Clube de Tiro Jair*". Outros, ainda, fizeram questão de registrar em seus textos marcas formais comuns ao gênero solicitado, como o uso do vocativo, o agendamento de local, dia e hora da reunião. Esses detalhes somam-se à força argumentativa das redações aqui selecionadas, que reprovam veementemente a abertura "*insensível e hipócrita*" de um clube de tiro ("*uma cultura perversa de lazer com base na violência*"), pois, "*embora a abertura de clubes de tiro seja um empreendimento benéfico para o setor econômico da indústria armamentista, o seu lucro não justifica a ameaça à integridade das pessoas*" (leitura do texto 1 da coletânea), e, desse modo, "*apoiar esse projeto é ignorar as estatísticas e pôr em risco todo o coletivo*".

Nessa lógica, rejeitam também a posse e/ou o porte de armas autorizados aos CACs pelos Decretos Federais n. 9.846/2019 e n. 10.627/2021, leis que são "*fruto de um (des)governo iniciado em 2018*" e que "*apenas trazem efeitos deletérios à população*". "*Durante todo o seu mandato, o atual presidente fomentou o discurso de que andar armado deveria ser a forma de defesa do 'cidadão de bem'*"; no entanto, "*espero que ninguém acredite no mito de que o porte de armas de fogos contribui para a defesa pessoal. Pelo contrário, essa política favorece o suicídio, o homicídio, o feminicídio e o aumento do poder das facções criminosas do país*" (leitura do texto 3 da coletânea), como, por exemplo, o PCC (Primeiro Comando da Capital), citado por muitos, que "*tem conseguido adquirir armas de fogo a partir de vias legais em função de políticas que facilitam o acesso a armas para CACs*" (leitura do texto 5 da coletânea).

REDAÇÕES 2023

As redações, apoiadas na leitura dos textos 2, 3 e 4 da coletânea, alertam para a falta de segurança gerada pela circulação de CACs na vizinhança, pois sabem que "*o maior acesso a armas de fogo está associado, na verdade, ao aumento da violência*"; afinal, "*os números não mentem. Maria, agora morta, não mente*". E reconhecem o perigo de "*balas perdidas*" ou "*disparos acidentais*" que "*acabam encontrando alvos padronizados, compostos principalmente por pessoas negras*". Por isso se revoltam: "*Vocês imaginam isso? Dezenas de moradores transitando com fuzis e revólveres pelas calçadas!*"; "*Isso é um absurdo! [...] colecionar objetos que tiram vidas?*"; "*Não vamos nos calar!*"; "*Em prol das vidas!*"; "*Venha defender nosso bairro!*"; "*Não nos deixemos virar estatística!*".

Como conclusão, partem da leitura do texto 5 da coletânea para defender que "*a posse de uma arma de fogo não é suficiente nem eficiente no combate à criminalidade*" e que "*armar a população brasileira é o mesmo que lhe dar vias de fazer justiça com as próprias mãos*". Trata-se de "*uma política que 'terceiriza' a segurança pública e, equivocadamente, confere à população a responsabilidade de sua autodefesa*". Tal política, ao contrário, "*torna muito mais difícil à polícia desempenhar seu ofício de [nos] proteger [...], já que o embate entre organizações criminosas e polícia se torna mais violento conforme seu poder bélico se equipara*". Desse modo, de nada adianta "*melhora da estrutura e da informatização policial*" se o "*crescente porte de armas populacional*" não for cessado. Nossa obrigação é, portanto, "*combater, localmente, a política armamentista desse governo federal para evitar que novas 'Anas' sofram as consequências dessa irresponsável 'política de segurança pública'*".

Já os candidatos que optassem pela **Proposta 2** deveriam, por sua vez, assumir o papel de um(a) estudante do terceiro ano do ensino médio que escreve, em *primeira pessoa*, um *depoimento* para a direção de sua escola, atendendo à solicitação da instituição que lançou um *projeto de educação antirracista*.

Nesse *depoimento*, o(a) narrador(a)-personagem deveria declarar como se identifica racialmente, relatar se já testemunhou, cometeu e/ou sofreu algum ato de racismo no colégio e explicar o tratamento dado à diversidade étnico-racial em sua escola. Os textos apresentados na coletânea dessa proposta contribuem para a elaboração de um episódio que denuncie o racismo enraizado no colégio, já que o problema é estrutural e se faz evidente nos conflitos escolares cotidianos, nos currículos, na presença ou na ausência de professores e alunos(as) negros(as) nas escolas, tal como é esmiuçado no enunciado da proposta.

As 15 redações da **Proposta 2** aqui selecionadas demonstram o cumprimento dessas três tarefas. Primeiramente, em seus *depoimentos*, não faltaram autodeclarações de estudantes que se identificaram como negro(a), preto(a), pardo(a), marrom ou branco(a). Nesse sentido, o cenário da sala de aula foi construído revelando um cromatismo contrastante: *"me identifico racialmente como uma pessoa branca"*; *"mesmo sendo negra"*; *"meus colegas negros"*; *"jovem negro, de pele parda"*; *"moreninho"*, *"mulato"*, *"negão"*; *"elite branca"*; *"estudantes negros"*; *"aluno pardo"*; *"aquele preto"*; *"não é preto preto"*; *"pessoas brancas e não brancas"*; *"os brancos"*; *"os negros"*; *"sou branca"*; *"alunos negros"*; *"professores brancos"*; *"como aluna negra"*; *"como estudante negra"*; *"garotas negras"*; *"pessoas negras"*; *"minha amiga negra"*; *"a diretora é branca"*; *"os coordenadores são brancos"*; *"alunos brancos"*; *"minha negritude"*; *"poucas pessoas na instituição [...] serem negras, pardas ou indígenas"*; *"me identifico como branca"*; *"nasci de um pai preto e uma mãe branca. Cresci sendo chamada de nega"*; *"professores não brancos"*, *"profissionais negros"*; *"meus colegas negros"*; *"como aluna preta"* etc.

Não importa se preto ou branco, todos os textos dessa proposta apresentados adiante narraram algum(ns) ato(s) de racismo dentro do colégio: houve aqueles que cometeram "quase sem querer" algum gesto, alguma fala, algum lapso, ou alguma ação racista; houve aqueles que presenciaram e relataram um episódio pontual de violência; houve ainda aqueles que deparavam constantemente com atos de racismo na escola e assim citaram diversos exemplos de injúria ou crime racial que testemunharam; houve, por fim, os que confessaram sofrer racismo, implícita ou explicitamente, na instituição escolar, posto que "*a realidade é que a escola também expressa o racismo estrutural da nossa sociedade*". Interessante que mesmo aqueles estudantes que relataram, em seus depoimentos, não ter evidenciado um episódio específico de racismo valeram-se da ocasião do *projeto antirracista* lançado pela direção da escola para denunciar casos diversos de racismo estrutural historicamente enraizados ali.

Muitos dos episódios narrados foram inspirados na leitura do texto 3 da coletânea, ou na referência à prática de *bullying* do texto 2, ou mesmo do texto 5, que define a *educação antirracista* como aquela que extrapola a simples ideia de combate a "*ofensas e xingamentos*" no ambiente escolar. Alguns depoimentos relataram ofensas racistas que eram pronunciadas abertamente em sala de aula: "*tinha que ser preto mesmo para dizer isso*"; "*seu neguinho desgraçado*"; "*volta para selva, macaco*"; "*volta para a senzala*"; "*cabelo de bombril*"; "*cabeça de capacete*"; "*quem aquele preto favelado pensa que é?*", *ele tem cabelo duro, mas pelo menos não é preto preto*"; "*ele [o cabelo] fica melhor liso, parece mais limpo*", "*por que você não faz progressiva?*"; "*cabelo tinha 'cara de sujo' [...] vários bichos deveriam morar 'nesse emaranhado feio'*" etc.

Outros relataram situações constrangedoras, como a do caso do surto de piolhos na escola e a instrução da coordenadora para que os estudantes de cabelos crespos e cacheados os prendessem ou cortassem como forma *"segura e higiênica"*. Ou mesmo o caso do estudante negro que abriu a porta do armário e encontrou uma banana; ou de uma pedagoga que proibiu um estudante de usar seu obá do candomblé; ou, ainda, o caso de um docente que debochou de sua aluna negra que desejava prestar vestibular para medicina, dizendo-lhe que tal curso não era a *"cara dela"*.

Além desses relatos de racismo escancarado, houve depoimentos em que os estudantes narraram casos de racismo que, *"quando você esgarça, ele pula nas dobras"* – nas palavras do texto 2 da coletânea. Foi o caso de textos que, por exemplo, aproveitaram a *charge* do texto 3 da coletânea e criaram episódios de racismo em torno do *colorismo*, como a situação do lápis *"cor de pele"*, que não necessariamente remete ao bege, mas que pode ser marrom ou preto. Ou de textos que denunciaram *"práticas racistas propagadas nesta escola, como a ausência de toucas e equipamentos de proteção individual, nos laboratórios de ciências, que se adequem a cabelos afro e, também, como as encenações teatrais feitas na disciplina de História do Brasil sempre subjugam os alunos negros a papéis de servos ou escravizados, e nunca com protagonismo"*.

Tais relatos, diversificados e surpreendentes, sempre enredados em narrativas verossímeis, muitas vezes funcionavam, para o(a) narrador(a) depoente, como gatilho para a tomada de consciência de que, de fato, *"o racismo é, segundo Sílvio Almeida, estrutural, sistêmico"* e, como tal, não se mostra apenas nos conflitos cotidianos: está infiltrado em todo o sistema escolar, no qual *"a igualdade não existe e isso está 'nas nossas caras': todos os nossos professores são brancos, enquanto todos os zeladores e faxineiros, negros"*. A falta de diversidade étnico-racial, sobretudo nas escolas de *"elite branca"*, evidencia esse racismo institucional que se refrata no estrutural, reproduzindo a lógica de *Casa-grande & senzala*, de Gilberto Freyre, e *"o mito de democracia racial"*: enquanto *"os professores são brancos"*, *"a diretora é branca"*, *"os coordenadores são brancos"*, os funcionários ocupavam *"uma posição subalterna: ocupavam cargos fora da área pedagógica, voltados para manutenção, limpeza e segurança da escola"*. Ainda nas palavras dos estudantes depoentes: *"Aqui, o negro é visto majoritariamente em posições de servidão, limpando as carteiras, guardando os portões e cozinhando a merenda, enquanto na sala de aula professores brancos discutem feitos, conquistas e obras de homens brancos"*; *"Vieram à minha cabeça, então, perguntas como: 'por que a maioria dos profissionais negros desta escola são destinados à limpeza?'"*.

A inquietação com os conflitos cotidianos, com a contratação de professores brancos e com a presença rara de estudantes negros nas escolas privadas soma-se à indignação provocada pelo apagamento étnico-racial nos currículos, mesmo após a implementação das leis federais (lei n. 10.639/2003 e lei n. 11.645/2008) apontadas no texto 4 da coletânea. Muitos depoimentos denunciaram esse hiato proposital nos currículos; assim, na perspectiva deles: *"temas tocantes à história e à cultura afro-brasileiras e indígenas e ao racismo, apesar de presentes, são tratados com superficialidade e os questionamentos sobre a falta de aprofundamento são respondidos evasivamente, nutrindo e reiterando um ambiente de relativização do racismo"*; *"[a] inclusão superficial de conteúdos de história e cultura afro- -brasileira e indígena no currículo escolar [é] feita apenas para acatar determinações de uma lei, e não para promover o conhecimento da diversidade etnocultural"*; *"as matérias de povos africanos, implementadas por lei, serem postergadas até o limite, a ponto de não serem passadas"*; *"além disso, nossas*

20   VESTIBULAR UNICAMP

aulas sobre África e população e movimentos negros e indígenas foram bem breves e diretas; não houve aprofundamento das questões étnico-raciais atuais, mesmo que a Constituição exija o ensino"; "*A falta de representatividade em nossa escola é uma forma discriminatória tão ofensiva quanto xingamentos e, contudo, menos falada. Exemplo desse fenômeno são as aulas de 'estudos africanos' que a escola se propõe a oferecer, que parecem ótimas na teoria, mas, na prática, são exposições totalmente superficiais e generalizantes*".

Nessa direção, não faltaram críticas ao apagamento da história e da cultura afro-brasileira e indígena, bem como ao seu embranquecimento nas aulas e nos livros: "*Ainda que esteja previsto por lei o ensino da história e cultura africana, a única coisa que aprendi a respeito disso em sala de aula foi a escravidão [...]. A professora Joice, de artes, por exemplo, é a única professora negra e a única que trata sobre a história e cultura afro-brasileira e indígena nas aulas. Com ela conheci autores e referências negras com quem me identifico, como Chinua Achebe, Ngũgĩ wa Thiong'o e José Craveirinha, de forma que hoje tenho autoestima e orgulho de ser negro. Por que os outros professores ignoram autores e saberes negros, que deveriam compor todo o currículo?!*"; "*o negro só existe em nossos livros como o escravizado, e sua raça é somente relevante quando se fala de um 'passado tribal' na África, cuja importância e contribuições não existem mais. Lembro-me da surpresa que tive ao descobrir que Machado de Assis era negro, pois, em nossas conversas sobre sua escrita e sua biografia, ele não era preto, suas fotografias eram em preto e branco, sua raça era apagada e sua escrita era incolor*"; "*a África é homogênea e pode ser resumida em fome, miséria e guerras e, para outros, o tupi-guarani é a única língua indígena no país*"; "*tão pouco se fala nessa escola sobre desigualdade social que parece que esta nem existe [...] nessas supostas aulas sobre África,*

[...] a pluralidade étnica é esmagada por estereótipos e trechos de análises de homens brancos, estrangeiros àquela realidade".

Por fim, a leitura dos textos 1 e 5 da coletânea se tornou evidente nas redações que planejaram inverter o lugar do educador e educando. Desse modo, em seus depoimentos, os estudantes deram seu recado à *"cara direção"* da escola, ensinando que, *"para ser uma instituição contrária ao racismo, não basta, simplesmente, não ser racista. É necessário desenvolver políticas de combate ao racismo. É necessário contratar mais professores negros. É preciso ensinar uma história menos eurocêntrica"*; ou, ainda, que *"não basta não ser racista, é preciso ser antirracista, o que exige uma práxis ativa da escola [...] de combate ao racismo"*; ou seja, *"é também tocar na raiz, mexer na estrutura. Isso é o verdadeiro antirracismo"*. Afinal, concluem, *"somos todos iguais! [...]. A representatividade salva vidas. Que vença o amor e a resistência"*.

De fato, o recado foi dado, e as redações apresentadas a seguir, tanto da **Proposta 1** quanto da **Proposta 2**, demonstram como os candidatos realizaram de modo pleno as tarefas de *leitura* e *escrita* da prova: a partir da *situação de produção* dada em cada proposta e dos textos oferecidos pela coletânea, escreveram seu texto no *gênero discursivo* solicitado, respondendo aos itens *a*, *b* e *c*, de acordo com seu *projeto de texto*. Não há, portanto, mitos nem mistérios. Há, contudo, quem ainda defenda o armamento da população civil e negue o racismo estrutural. São esses os mitos que devem ser derrubados. Nossos estudantes estão no caminho. Seus textos nos devolvem a esperança.

VESTIBULAR UNICAMP 2023
PROPOSTA 1

Uma amiga sua de escola foi vítima de um disparo acidental por arma de fogo, realizado por uma pessoa que havia obtido porte de colecionador de armas com base nos Decretos Federais n. 9.846/2019 e n. 10.627/2021. Um ano após a morte de sua amiga, você foi informado(a) de que um grupo de empresários de seu bairro inauguraria um *clube de tiro* perto da sua casa. Preocupado(a), você decidiu convocar uma reunião com a associação de moradores do seu bairro para discutirem providências a serem tomadas a respeito. No seu texto de **convocação**, você deve **(a)** destacar os perigos que envolvem a abertura de um *clube de tiro* em seu bairro, **(b)** apresentar argumentos contrários à posse e ao porte de armas de fogo e, de modo mais amplo, **(c)** criticar uma política de segurança pública baseada no armamento da população brasileira. O seu texto deve, obrigatoriamente, levar em conta a coletânea a seguir.

1. Dados do Exército Brasileiro mostram que, entre janeiro de 2019 e maio de 2022, surgiram 1.006 clubes de tiro no Brasil. É quase um clube de tiro inaugurado por dia, totalizando mais de 2 mil espaços como estes em todo o país. Paralelamente, números divulgados pelo Anuário de Segurança Pública apontam um crescimento de 474% no número de pessoas que conseguiram o Certificado de Registro – documento emitido pelo Exército –, que dá direito ao cidadão de exercer atividades como Caçador, Atirador ou Colecionador, os chamados CACs. Essa autorização também inclui transitar com a arma no percurso entre a casa e o clube de tiro. A abertura de clubes de tiro interessa ao setor econômico da indústria armamentista, composto por indústrias de armas, empresários de clubes, atiradores, influenciadores digitais, instrutores e todos os que defendem o uso da arma de fogo. Muitos desses estabelecimentos também trabalham com a venda de armas e auxiliam o interessado com a documentação exigida para tirar o porte de arma.

(Adaptado de SOBREIRA, Amanda. "Como a política de armas de Bolsonaro facilita crimes e arsenais como o de Roberto Jefferson". *Brasil de Fato*, 29/10/2022.)

2. O Instituto Sou da Paz aponta que, atualmente no Brasil, mais de 880 mil armas de fogo estão nas mãos de CACs. A lei em vigor permite que os atiradores comprem até 60 armas, sendo que 30 de uso restrito, como fuzis, além da compra anual de até 180 mil balas. Já os caçadores podem comprar até 30 armas, 15 delas de uso restrito e até 6 mil balas. Para os colecionadores, a legislação não impõe limite numérico.

(Adaptado de DEISTER, Jaqueline. "O que os últimos homicídios cometidos por policiais significam no debate sobre armamento?". *Brasil de Fato*, 20/7/2022.)

3. "Ter uma arma triplica o risco de suicídio", salienta David Hemenway, professor de saúde pública da Universidade de Harvard. Várias de suas pesquisas concluíram que estados onde há mais lares com armas têm taxas de suicídio mais altas, particularmente suicídios por armas de fogo. A diferença seria explicada pelo acesso mais fácil ao armamento, já que não havia nessas residências problemas de saúde mental ou casos de pensamentos suicidas acima da média. Em análises da relação entre disponibilidade de armas de fogo e mortes não intencionais, homicídios e suicídios de mulheres e crianças, o professor Hemenway concluiu que em estados com mais armas há mais mortes violentas nesses grupos. Outra análise, comparando 25 países de renda alta, revelou que, onde há mais armas, há mais homicídios de mulheres, com os Estados Unidos da América no topo da lista.

(Adaptado de CORRÊA, Alessandra. "Armas são eficazes para defesa pessoal? Por que este professor americano sustenta que esse discurso é mito". *BBC News Brasil*, 18/9/2018.)

4.
Local de mortes por armas de fogo de mão

(Extraído de Instituto Sou da Paz. "Mortes por arma de fogo de mão sobem em meio a queda de homicídios no país", 15/7/2022.)

5. A organização criminosa PCC (Primeiro Comando da Capital) tem utilizado os decretos do presidente para adquirir legalmente armas de fogo. A política facilita a compra de armamento para quem se registra como Caçador, Atirador ou Colecionador, apelidados de CACs. De acordo com o jornal *O Estado de S. Paulo*, criminosos da facção têm usado tal nomenclatura para as compras. Os equipamentos foram comprados com autorização da lei atual – alguns por meio de "laranjas", pessoas que adquirem as armas para o grupo, mas também por criminosos com extensa ficha criminal.

(Adaptado de *Notícias UOL* – São Paulo. "PCC utiliza política dos CACs de Bolsonaro para comprar armas, diz jornal", 25/7/2022.)

6. O Instituto de Segurança Pública concluiu que o combate à criminalidade se dá com novas formas de atuação das polícias, principalmente no que tange às ações de inteligência e estrutura (armamento, viaturas, coletes, contingente, informatização). Tais mecanismos, até então utilizados pelo estado de São Paulo, ilustram o combate à criminalidade através de políticas de segurança e de políticas públicas sociais.

(Adaptado de CAPEZ, Fernando. "Controvérsias jurídicas. Segurança pública e armamento da população civil". *Consultor Jurídico*, 14/4/2022.)

VESTIBULAR UNICAMP 2023

PROPOSTA 2

O colégio em que você estuda decidiu lançar um projeto de *educação antirracista*. Antes de elaborar tal projeto, a direção resolveu escutar estudantes, familiares, professores(as) e funcionários(as) sobre a questão da discriminação racial no espaço escolar. Solicitou, então, que cada um desses membros da comunidade escolar enviasse um **depoimento**, a ser mantido em sigilo. Decidido(a) a contribuir com esse projeto e compartilhar a sua experiência como estudante do terceiro ano do ensino médio, você enviará o seu depoimento, no qual deve **(a)** declarar como se identifica racialmente; **(b)** relatar se já presenciou, cometeu ou sofreu algum ato de racismo dentro do colégio; **(c)** explicar como a diversidade étnico-racial é tratada nesse espaço escolar: no currículo, ou nos conflitos cotidianos, ou na contratação de professores(as), ou na presença de alunos(as) negros(as). O seu texto deve, obrigatoriamente, levar em conta a coletânea a seguir.

1. Antirracismo: postura, sentimento, movimento, conceito de oposição ao racismo.

(Dicionário *Caldas Aulete*. Disponível em <https://www.aulete.com.br/antirracismo>. Acesso em 1º/9/2022.)

2. "As escolas trazem o racismo como uma questão entre duas pessoas, confundindo-o com *bullying*. Não o enxergam como um sistema que se retroalimenta e se reinventa", explica Ednéia Gonçalves, diretora-executiva adjunta da Ação Educativa. Pensar uma educação antirracista envolve tratar da relação entre duas pessoas, mas também permitir que todos tenham sua identidade e história acolhidas no espaço escolar. E o processo de acolhimento e de reconhecimento das identidades requer que a escola repense todas as suas dimensões: curricular, formativa, de atendimento, avaliação, material didático, arquitetura e rotina. Se a escola não tiver um trabalho constante, sério e intencional de autoestima, autocuidado, de valorização da cultura negra, vai ser muito difícil as pessoas se identificarem como negras. "As escolas estão avançando, mas o racismo aparece muito nas dobras. Quando você esgarça, ele pula", alerta Ednéia.

(Adaptado de "Como pensar a construção de uma educação antirracista". *Centro de Referências em Educação Integral*, 11/6/2019.)

3.

(Disponível em <https://bahiapravoce.com.br/consciencia-negra-debates-com-charges-na-sala-de-aula/>. Acesso em 25/11/2022.)

4. Art. 26-A. Nos estabelecimentos de ensino fundamental e de ensino médio, públicos e privados, torna-se obrigatório o ensino da história e cultura afro-brasileira e indígena.

§ 1º O conteúdo programático a que se refere este artigo incluirá diversos aspectos da história e da cultura que caracterizam a formação da população brasileira, a partir desses dois grupos étnicos, tais como o estudo da história da África e dos africanos, a luta dos negros e dos povos indígenas no Brasil, a cultura negra e indígena brasileira e o negro e o índio na formação da sociedade nacional, resgatando as suas contribuições nas áreas social, econômica e política, pertinentes à história do Brasil.

§ 2º Os conteúdos referentes à história e cultura afro-brasileira e dos povos indígenas brasileiros serão ministrados no âmbito de todo o currículo escolar, em especial nas áreas de educação artística e de literatura e história brasileiras.

(Adaptado de BRASIL. Palácio do Planalto. Lei n. 11.645, de 10/3/2008, que altera a lei n. 9.394, de 20/12/1996, modificada pela lei n. 10.639, de 9/1/2003.)

5. "Há quase uma ausência do debate racial no campo da Educação. E esse silêncio nos leva a acreditar no mito da democracia racial. Mas os números revelam que não é assim", explicou Iara Pires Viana, geógrafa e gestora da Secretaria Estadual de Educação de Minas Gerais. Segundo ela, há uma relação intrínseca entre as desigualdades raciais e o direito de aprender. Iara defende que o papel da Educação para não reproduzir o racismo é o de denunciar a pedagogia das ausências, isto é, o racismo epistêmico, marcado em todo o processo de formação. Promover uma educação antirracista vai muito além de simplesmente combater as manifestações materiais do racismo cotidiano, como ofensas e xingamentos. Apesar de positivas, essas medidas não bastam para a construção de uma educação efetivamente inclusiva e equânime. A educação antirracista implica necessariamente a revisão do currículo, garantindo sua pluriversalidade, bem como a composição de um corpo docente etnicamente diverso.

INDICADOR	% DE BRANCOS	% DE NEGROS
6-14 anos Ensino Fundamental	95	94,3
Conclusão Ensino Fundamental	87,4	76,5
15-17 anos Ensino Médio	67,8	53,7
18-24 anos Ensino Médio	21,5	39,5
Conclusão Ensino Médio	71,7	52,6
18-24 anos Ensino Superior	26,5	12,8
Analfabetismo	4,9	10,6

(Adaptado de "O papel central da escola no enfrentamento do racismo". *Portal Geledés*, 18/9/2020.)

VESTIBULAR UNICAMP 2023
EXPECTATIVAS DA BANCA

Proposta 1

A prova de redação do Vestibular Unicamp 2023 mais uma vez oferece duas propostas de texto, cada uma tratando de importantes temáticas da atualidade, para avaliar as competências de leitura e escrita de seus candidatos, futuros estudantes universitários. Desta vez, a primeira proposta de redação coloca em discussão os perigos envolvidos na proliferação dos clubes de tiro no Brasil, sobretudo após a *flexibilização da posse e do porte de armas de fogo*, garantida pelos Decretos Federais n. 9.846/2019 e n. 10.627/2021, aos cidadãos que exercem a atividade de Caçador, Atirador ou Colecionador (os CACs). A segunda proposta, por sua vez, destaca a urgência de escolas brasileiras oferecerem uma *educação antirracista*, repensando seus currículos e a ocupação de seus espaços, de modo a garantir uma maior diversidade étnico-racial, seja na contratação de professores(as) e funcionários(as), seja na presença de alunos(as) negros(as) nas escolas.

A partir da situação de produção criada pela banca elaboradora, os candidatos que optassem pela **Proposta 1** deveriam simular ser alguém que há um ano sofreu a perda de uma amiga de escola, vítima de um disparo acidental por arma de fogo de um colecionador. Por isso, ao saber que um grupo de empresários inauguraria um *clube de tiro* perto de sua casa, fica preocupado(a) e logo toma a iniciativa de escrever um texto, convocando uma reunião com a associação de moradores do seu bairro, em que discutiriam providências a serem tomadas a respeito. No texto da *convocação*, o(a) então enunciador(a) deveria **(a)** destacar os perigos que envolvem a abertura de um clube de tiro, **(b)** argumentar contrariamente à posse e ao porte de armas de fogo e, de modo mais amplo, **(c)** criticar uma política de segurança pública pautada no armamento da população brasileira.

Para cumprir tais tarefas, é obrigatória a leitura da coletânea, que dispõe de informações atuais – como dados, números e gráficos –, oferecendo, assim, subsídios para os candidatos elaborarem o seu texto de *convocação*, *injuntivo* e *argumentativo*. Tal gênero requer uma linguagem mais formal, seguindo o padrão da norma culta da língua portuguesa, e um tom persuasivo, já que a intenção é convocar a associação dos moradores do bairro para tomar decisões conjuntas sobre a abertura de um clube de tiro nas redondezas. O primeiro excerto, por exemplo, apresenta dados do Exército Brasileiro que apontam o aumento de mais de mil clubes de tiro no Brasil, o que significa, na prática, a inauguração de quase um clube de tiro por dia no país, entre janeiro de 2019 e maio de 2022. Esse fato, somado ao crescimento no número de cidadãos que conseguiram permissão para transitar com armas de fogo e exercer atividades como CACs, não só representa um risco para a segurança pública, como também alimenta um setor econômico específico: o da indústria armamentista.

O segundo excerto complementa o primeiro, uma vez que também apresenta números alarmantes: de acordo com o

Instituto Sou da Paz, há atualmente no Brasil mais de 880 mil armas de fogo – incluindo fuzis – circulando nas mãos de CACs, que têm o direito legal de também comprar, anualmente, milhares de balas (projéteis). O acesso fácil às armas de fogo traz consequências desastrosas, como nos é apresentado no terceiro excerto. Pesquisas realizadas pelo professor David Hemenway, da Universidade de Harvard, constatam que, nos estados onde há mais lares com armas de fogo, há mais casos de homicídios e suicídios, sobretudo de mulheres e crianças. Nessa relação entre disponibilidade de armas de fogo e mortes violentas, de uma lista de 25 países de alta renda, os Estados Unidos da América ocupam o primeiro lugar em homicídios de mulheres.

O gráfico do quarto excerto traz estatísticas para o Brasil que dialogam com os perigos presentes na realidade estadunidense. Segundo o Instituto Sou da Paz, nos últimos dois anos (2020 e 2021) – após os Decretos Federais n. 9.846/2019 e n. 10.627/2021 –, o número de mortes por armas de fogo de mão aumentou consideravelmente em locais como "ruas e estradas", o que pode estar associado ao deslocamento de CACs até os clubes de tiro. Vale lembrar ainda que o(a) enunciador(a) da convocatória é alguém que perdeu uma amiga de escola vítima de um disparo acidental por arma de fogo de um colecionador, situação que também pode ser explorada pelos candidatos como argumento, dado o aumento de mortes por armas de fogo em "residências" e "escolas" (texto 4).

Como se vê, a leitura dos textos de 1 a 4 da coletânea oferece aos candidatos informações e dados suficientes para cumprirem os dois primeiros comandos da proposta: destacar os perigos que envolvem a abertura de um clube de tiro na vizinhança (texto 1) e argumentar de modo contrário à posse e ao porte de armas de fogo (textos 2, 3 e 4), ressaltando os perigos iminentes de mortes violentas que o acesso fácil a elas possibilita (texto 2), como homicídios e suicídios, principalmente de mulheres e crianças (texto 3). Logo, a onipresença de armas de fogo (texto 4) demonstra a ameaça constante a que a sociedade civil está exposta no Brasil, atualmente.

Já os textos 5 e 6 da coletânea poderiam ser mais bem aproveitados pelos candidatos como argumentos para cumprirem o terceiro comando da proposta: criticar uma política de segurança pública baseada no armamento da população brasileira. O excerto 5, por exemplo, noticia o fato de uma conhecida facção criminosa se beneficiar dos decretos do então presidente para comprar armamentos. De acordo com o jornal *O Estado de S. Paulo*, ora os criminosos se disfarçam de CACs para efetuar a compra de armas de fogo, ora utilizam "laranjas" para adquirir os equipamentos para o grupo. Assim, a legalização tem fortalecido cada vez mais o crime organizado, que coloca a sociedade civil nas mãos (armadas) de criminosos (texto 5). O excerto 6 corrobora essa ideia ao defender que o combate à criminalidade se dá seja por meio de investimentos na polícia – tanto nas ações de inteligência quanto na sua estrutura (armamento, viaturas, coletes, contingente, informatização) –, seja por meio de ações preventivas, como o investimento em políticas públicas sociais (texto 6) – e não distribuindo armas para a população, portanto.

Proposta 2

Os candidatos que optassem pela **Proposta 2** deveriam assumir o papel de um(a) estudante do terceiro ano do ensino médio, cujo colégio lançou um *projeto de educação antirracista*. Solicitado(a) pela direção a colaborar com essa proposta, o(a) então estudante deveria escrever um *depoimento* sobre o racismo no cotidiano escolar. Em seu texto, o(a) narrador(a) deveria **(a)** declarar como se identifica racialmente; **(b)** contar se já testemunhou, cometeu e/ou sofreu algum ato de racismo no colégio; **(c)** explicar o tratamento dado à diversidade étnico--racial na sua escola. Para cumprir essa última tarefa, os candidatos poderiam refletir criticamente sobre a presença (ou não) de alunos(as) negros(as) em seu colégio, sobre o trabalho em sala de aula com currículos que valorizam (ou não) o ensino das histórias e culturas afro-brasileiras e indígenas, sobre a existência (ou não) de professores(as) negros(as), bem como sobre conflitos cotidianos envolvendo discriminação racial. Desse modo, poderiam identificar efeitos do racismo estrutural na escola, e/ou, ao contrário, poderiam relatar ações e cuidados que têm sido tomados no combate a esse tipo de discriminação tão enraizada em nossa sociedade.

Considerando os comandos no enunciado da proposta, espera-se dos candidatos a elaboração de um *texto narrativo* e *explicativo* em primeira pessoa. Além disso, como o gênero é um *depoimento* a ser encaminhado à direção do colégio, são desejadas redações escritas em consonância com a norma culta da língua portuguesa, mesmo que se adote um tom mais informal.

Assim como na proposta anterior, os candidatos devem ler os textos da coletânea e apropriar-se deles para a produção do seu *depoimento*. O primeiro excerto é um verbete que traz a definição do termo *antirracismo*, fundamental para uma compreensão inicial do tema da redação, mas não suficiente para entender o que é ou pode ser uma *educação antirracista* – conceito esse que pode ser depreendido pelos candidatos a partir da leitura dos textos 2 e 5 da coletânea. O segundo excerto, por exemplo, revela a amplitude dessa educação, mostrando que ela extrapola o âmbito do conflito entre dois indivíduos (o *bullying*) e abrange o acolhimento e o reconhecimento de distintas histórias e identidades no espaço escolar. Essa tarefa, segundo Ednéia Gonçalves, diretora-executiva da Ação Educativa, implica a revisão de todos os processos envolvidos no ensino: currículos, formação, avaliação, material didático, arquitetura e rotina, além do empenho contínuo de valorização da cultura negra.

O quinto excerto, por sua vez, traz o posicionamento da geógrafa Iara Pires Viana sobre o papel da educação no combate ao racismo. Assim como Gonçalves (texto 2), Viana também acredita que promover uma educação antirracista vai muito além de combater ofensas e xingamentos do racismo cotidiano na escola. Para ela, é preciso denunciar o racismo epistêmico, revisar os currículos para garantir a sua pluriversalidade e formar um corpo docente etnicamente diverso no espaço escolar. A geógrafa sustenta que não podemos acreditar no chamado mito da democracia racial no Brasil, o que pode ser constatado ao se analisarem as porcentagens na tabela (texto 5): quanto mais alto é o nível de ensino, menor é o percentual de estudantes negros – fato que sugere a urgência em promover uma educação inclusiva e equânime em nosso país.

Com base nesses dois textos (2 e 5) da coletânea, serão valorizadas redações que demonstrem compreender tanto a abrangência da educação antirracista quanto a real necessidade de combater essa discriminação no espaço escolar. Essa necessidade pode ser concluída a partir, por exemplo, da leitura da tabela (texto 5), reveladora do processo de "embranquecimento" das turmas ao longo dos anos do ensino básico até o ensino superior. Tal processo de "embranquecimento" também pode ser inferido a partir da leitura da *charge* apresentada no terceiro excerto da coletânea. De tom bem-humorado, porém crítico, a *charge* evidencia a presença sutil e naturalizada do racismo estrutural no cotidiano escolar, como no exemplo do uso do termo "cor de pele", mostrando como essa cor automaticamente nos remete às tonalidades "branca" ou "bege", apagando, assim, os seres humanos que têm outros tons de pele. Assim como o vocabulário empregado esconde preconceitos, isso também pode ocorrer em outros exemplos corriqueiros em sala de aula. Nesse sentido, a *charge* pode ser lida como um exemplo de racismo que, "quando você esgarça, ele pula" nas "dobras" (texto 2).

Por fim, o quarto excerto da coletânea apresenta a lei n. 11.645, de março de 2008, que torna obrigatório o ensino da história e da cultura afro-brasileira e indígena na educação básica brasileira, tanto em escolas da rede pública quanto da rede privada. Essa obrigatoriedade foi uma conquista importante para a construção de uma *educação antirracista* no Brasil, embora saibamos que nem sempre ela é cumprida, fator que pode também ser objeto de reflexão e discussão por parte dos candidatos em seu depoimento.

Conclui-se, assim, que as duas propostas, de gêneros discursivos diferentes (uma *convocação* e um *depoimento*), são respaldadas por coletâneas repletas de informações, dados numéricos, verbete, gráfico e tabela, legislação vigente, *charge* e textos que trazem posicionamentos críticos relativos aos dois temas de redação da prova do Vestibular Unicamp 2023: *a flexibilização do uso de armas de fogo* e *a necessidade de uma educação antirracista*. As duas propostas requerem que os candidatos cumpram os comandos *a*, *b* e *c* da prova, assumindo uma determinada *máscara discursiva* para se dirigirem ao seu respectivo interlocutor, em linguagem adequada ao *gênero textual* escolhido.

VESTIBULAR UNICAMP 2023

REDAÇÕES DOS CANDIDATOS
PROPOSTA 1

REDAÇÃO 1

ARTHUR BARBARINI YOSHIDA
Ensino Médio (escola particular)
São Paulo / SP
Medicina (Integral) / (1ª opção)

Associação de moradores do bairro de Santana, gostaria de convocar uma reunião para tratar da inauguração de um clube de atiradores em nosso bairro. Fiquei surpresa quando soube da notícia, especialmente considerando a morte de Maria Clara, minha melhor amiga de escola e conhecida de quase todos, há pouco mais de um ano, por disparo acidental de um colecionador de armas de fogo. Parece-se, no mínimo, insensível e hipócrita aceitar passivamente a instalação, em nossa comunidade, da mesma indústria indiretamente responsável pela morte de um membro nosso. Espanta-me ainda mais que os responsáveis pelo projeto são vizinhos nossos e eram também de Maria. Por isso, antes que seja tarde, acho necessário tomarmos providências visando ao bem da comunidade, e não ao lucro de poucos empresários.

Àqueles que defendem a abertura do clube, saibam que parte do custo será a segurança de nosso bairro. Como evidenciado pela análise de dados publicados pelo Exército Brasileiro e pelo Anuário de Segurança Pública neste ano, a indústria armamentista é extremamente conectada: em consequência de decretos que facilitaram a posse de armas em 2019 e 2021, em apenas três anos, de 2019 a 2022, quase que quintuplicou o número de pessoas com o direito à posse de armas e mais que dobrou o número de clubes de tiro. Mas a relação entre a posse e a emergência de clubes não é unidirecional, pois também se aplica no caminho inverso: com a abertura de clubes, aumentam o interesse por armas e a compra de armas na região, além de atrair atiradores dos arredores, fato particularmente alarmante quando se consideram os riscos de armamento da população.

Como apontado por pesquisas da Universidade de Harvard, a violência, em diversos critérios, aumenta substancialmente com o acesso às armas facilitado: o risco de suicídio é triplicado, homicídios e mortes não intencionais aumentam drasticamente, com destaque às que têm mulheres como vítimas. Sendo mulher e menor de idade, permitir que tal movimento se replique em nosso bairro me dá medo. Já não me sinto segura quando volto pra casa depois das aulas, frequentemente vítima de assédio. Saber que meu agressor pode ser portador de uma arma reforça minha vontade de não sair de casa.

Para aqueles que defendem que se combata violência com violência, sustentando uma política de segurança pública fundamentada no armamento da população: combato isso com estatísticas e bom senso. Como um país, com acesso às armas facilitado e sem a fiscalização adequada de sua compra, evita que elas caiam nas mãos erradas? Não evita. Enquanto a população se armava até os dentes nesses últimos anos, facções criminosas, como o PCC, fizeram o mesmo de forma igualmente legalizada, conforme o jornal *O Estado de S. Paulo*. Como se evita que, com mais armas em circulação, haja menos mortes por elas? Não se evita. O Instituto Sou da Paz mostrou que, em quase todos os casos, nos últimos anos, mortes por armas de fogo aumentaram no país. Até mesmo os policiais, percebendo isso, mudaram o foco de combate à criminalidade para projetos contra o armamento da população.

Levando tudo isso em consideração, a associação não pode deixar de consultar a opinião dos moradores antes que um clube tão perigoso se instale em nossa comunidade. Por favor, organize uma reunião para discutirmos melhor sobre isso.

REDAÇÃO 2

MARIANE JACINTO CASSARO
Ensino Médio (escola particular)
Campinas / SP
Medicina (Integral) / (1ª opção)

Prezados vizinhos, aos que ainda não me conhecem, meu nome é Júlia e moro na casa n. 255, com meus pais, desde quando nasci. Agora, aos 18 anos, quando me foi permitida a participação na associação de moradores, decidi convocá-los a uma reunião para discutirmos e tomarmos providências sobre um recente evento que tem me preocupado muito: a inauguração do Clube de Tiros "Guns" na área de convivência do bairro.

Não sei se as possíveis consequências à nossa vida que a instalação desse estabelecimento poderá trazer são do conhecimento de todos, mas preciso alertá-los. As facilitações ao porte de armas, conferidas por legislações do governo Bolsonaro, provocaram um aumento vertiginoso de 474% no número de cidadãos possuidores do Certificado de Registro: os CACs – Caçadores, Atiradores ou Colecionadores. Esses indivíduos, potenciais clientes do "Guns", têm a permissão para transitar com as armas no percurso entre suas casas e o clube, o que significa que nós estaremos expostos a conviver com a livre circulação de armas de fogo nessas ruas tão pacíficas. Cresci brincando, nas calçadas, com as crianças da vizinhança (essencial para minha infância), mas acredito que com essa mudança só seria seguro se vocês mantivessem seus filhos reclusos em casa, privando-os dessa vivência enriquecedora, visto que os disparos acidentais são mais comuns do que imaginamos. Eu mesma ainda sofro com a morte evitável de uma amiga da escola, vítima desse tipo de acidente.

É de meu conhecimento que alguns moradores possuem interesse nas atividades do clube, porém acredito que muitos não estão cientes de como a posse e o porte de armas podem ser prejudiciais à sociedade. Após as facilitações na política dos CACs, organizações criminosas como o PCC foram beneficiadas na compra de armamentos, tanto por meio de "laranjas", como através de criminosos, fato preocupante para nossa segurança. Além disso, o discurso convincente de que arma é sinônimo de defesa pessoal é um mito. Comprovadamente, o acesso mais fácil ao armamento somente contribui com maiores taxas de suicídio e de mortes violentas, especialmente de crianças e de mulheres; logo, não se enganem com essa falácia, até mesmo porque questões de segurança pública são de responsabilidade do Estado.

Desse modo, os Decretos Federais de 2019 e de 2021, responsáveis pelo crescimento dos clubes de tiro, são um erro do poder público. O Instituto de Segurança Pública comprova que a posse de uma arma de fogo não é suficiente nem eficiente no combate à criminalidade, mas sim que ações de inteligência realizadas por profissionais e estruturas oferecidas à polícia são um caminho nessa luta. Assim, essa péssima tentativa de política de segurança pública, que eleva o contingente de CACs, é completamente ineficaz e, ainda, é prejudicial a nós, que agora devemos discutir sobre uma decorrência dessa falha estatal: a instalação do "Guns" em nosso bairro.

Espero que eu os tenha convencido da gravidade da situação a que estamos sendo submetidos e que isso os preocupe o suficiente, assim como tem me afetado, para que compareçam impreterivelmente à reunião da associação. Encontro vocês lá!

REDAÇÃO 3

BEATRIZ GONZALO GUILHEN BISPO
Ensino Médio (escola particular)
Jundiaí / SP
Enfermagem (Integral) / (1ª opção)

Estimado(a) vizinho(a), gostaria de convocá-lo(a) a uma reunião extraordinária da AMJM (Associação de Moradores do Jardim Mirandópolis), na terça-feira (13), às 19h30. Recentemente, soube que há a intenção de ser inaugurado um clube de tiro em nossa vizinhança, algo preocupante e do interesse de todos nós. Há uma série de razões que fazem deste um empreendimento arriscado, por isso apelo para que esteja presente para discutirmos essa pauta urgente. A seguir, elenco motivos que tornam seu comparecimento essencial.

Primeiramente, é de extrema importância saber que se trata de uma ideia muito perigosa. Assim, dói-me muito mencionar a morte de minha amiga no ano passado. Como noticiado pelo jornal, ela foi vítima de um tiro acidental, executado por um colecionador legal. Sua morte era evitável, e pretendo lutar para que sua história não se repita. Posso também citar que uma pesquisa feita pelo Instituto Sou da Paz denuncia o aumento do número de mortes por arma de fogo de mão em 2021, graças a alterações legislativas que facilitam o porte de armas. Simultaneamente, e não por acaso, o *Anuário Nacional de Segurança Pública* notificou o aumento de 474% da emissão do Certificado de Registro de arma. A correlação evidente entre esses dados é assustadora.

Além disso, uma política de segurança pública que se baseie em armamento civil não tem se revelado eficaz em nosso país. Por exemplo, o PCC (Primeiro Comando da Capital) tem conseguido adquirir armas de fogo a partir de vias legais em função de políticas que facilitam o acesso a armas para CACs (Caçadores, Atiradores ou Colecionadores). Ao mesmo tempo, isso torna muito mais difícil à polícia desempenhar seu ofício de proteger, conforme o Instituto de Segurança Pública, já que o embate entre organizações criminosas e polícia se torna mais violento conforme seu poder bélico se equipara.

Sendo assim, cito um último dado, divulgado pelo professor de Harvard, D. Hemenway: nos estados norte-americanos em que a quantidade de armas é maior, o número de casos de feminicídio cresce. Pensando em todos esses fatores, ressalto considerar indispensável sua presença. Esse assunto, como pode ver, é muito sério e extenso, e precisa ser analisado com muita atenção e doses de realidade. Conto com você!

REDAÇÃO 4

MARINA RAMOS GONÇALVES
Ensino Médio (escola particular)
Bragança Paulista / SP
Medicina (Integral) / (1ª opção)

Olá, vizinhos e vizinhas! Para quem não me conhece, sou a Júlia Macário, filha da Paula e do Rodrigo, que moram na casa n. 172. Bem, como muitos de vocês se lembram, há cerca de um ano, minha melhor amiga, Amanda, foi vítima de um disparo acidental por arma de fogo, cujo agente havia obtido porte de colecionador de armas. Como essa tragédia repugnante repercutiu muito na cidade, nunca imaginei que viria aqui discutir sobre uma questão dessa natureza, mas as notícias que recebi nesta semana me obrigaram a clamar pela atenção de todos vocês, moradores do nosso querido bairro. Ontem, informaram-me que um grupo de empresários dessa área irá inaugurar um clube de tiro perto da minha casa! Confesso que estou muito preocupada com a situação e, por isso, devemos reunir-nos para discutir o assunto!

Em primeiro lugar, faço questão de destacar os perigos aos quais nós estaremos submetidos se não fizermos nada a respeito dessa iniciativa! Os clubes de tiro são estabelecimentos envolvidos com a venda de armas e com mecanismos que facilitam a aquisição de documentos exigidos para que o sujeito possa retirar o Certificado de Registro. Esse título permite que o cidadão exerça atividades como Caçador, Atirador ou Colecionador, além de lhe garantir o direito de carregar um armamento consigo no percurso entre a sua casa e o clube de tiro. Vocês imaginam isso? Dezenas de moradores transitando com fuzis e revólveres pelas calçadas! Assim, reafirmo que a ação desses empresários facilita o acesso às armas, o que aumenta as chances de presenciarmos episódios de violência doméstica, nas ruas, nas escolas, e, infelizmente, casos como o de Amanda, vítima dessa irresponsabilidade. Precisamos mesmo debater sobre isso, pessoal!

Nessa mesma temática, espero que ninguém acredite no mito de que o porte de armas de fogo contribui para a defesa pessoal. Pelo contrário, essa política favorece o suicídio, o homicídio, o feminicídio e o aumento do poder das facções criminosas do país. Pesquisando sobre o assunto, li em uma pesquisa americana que as taxas de mortes (suicídios e homicídios) são mais elevadas em lares armados. Esses dados também podem refletir a realidade do nosso país, no qual os índices de mortalidade relacionados a crimes com armas de fogo de mão cresceram no ano de 2021, quando o presidente Jair Bolsonaro aprovou um Decreto Federal que facilitou a aquisição de balas e revólveres, tanto por cidadãos comuns quanto por organizações criminosas, como o PCC. Quanto a essa política de segurança pública baseada no armamento da população, devo reiterar o quão ineficiente ela é: o combate à criminalidade deve ser feito pelo Estado e não por nós, cidadãos! O aumento da circulação desses instrumentos incita a violência e favorece tragédias! Portanto, moradores, convoco todos para uma reunião para discutirmos sobre tudo isso!

REDAÇÃO 5

GABRIELA PRADO FILIPE
Ensino Médio (escola particular)
Osasco / SP
Arquitetura e Urbanismo (Noturno) / (1ª opção)

Caros membros da associação de moradores, sou G., moradora do bairro V. há mais de dez anos. Gostaria de chamar a vossa atenção para um clube de tiro que será inaugurado em nosso bairro por um grupo local de empresários. Para alguns, isso pode parecer algo banal, mas, para mim, especialmente no dia de hoje, esse clube de tiro é muito preocupante. Há um ano, neste mesmo dia, perdi uma querida amiga por uma bala perdida, disparada por um colecionador de armas. A morte da minha amiga ilustra o perigo que a abertura do clube de tiro significa. Além de incentivar o uso das armas de fogo, ela vai facilitar a obtenção de autorização para o armamento, promover a venda e disseminar uma cultura perversa de lazer com base na violência.

Atualmente, os malefícios advindos da posse e do porte de armas são amplamente divulgados e gostaria de destacar alguns aqui. Instituições renomadas, como a Universidade de Harvard, apontam que locais onde muitas pessoas possuem acesso às armas de fogo apresentam não só um maior número de casos de suicídio, como também de homicídio contra mulheres e até mesmo crianças. Não é preciso ir muito longe para obter provas sobre essa realidade. Tenho certeza de que muitos de vocês que acompanham o noticiário viram os casos de violência nos Estados Unidos por conta da legalização do porte e/ou posse de armas de fogo.

Podemos compreender, também, essa inauguração do clube de tiro como um desdobramento da postura assumida pelo atual governo em prol do armamento da população. Hoje, vemos a adoção de uma política facilitadora de compra de armas de fogo (para colecionadores, por exemplo), a partir do preceito de que, ao armar a população, o governo está garantindo a segurança pública. Como será possível garantir a segurança se a população estiver armada, propensa a cometer atos de violência? Percebe-se que é uma tentativa de combater a violência com mais violência, e nós sabemos que isso não funciona. Além disso, essa política também promove o armamento de organizações criminosas, contribuindo para criar uma atmosfera de constante insegurança para a população. É por isso que convoco todos da associação para uma reunião com o objetivo de discutir e gerar soluções para o problema da inauguração do clube de tiro. Pela memória da minha querida amiga, pela segurança de nossas crianças e pelo bem-estar geral, é necessário agir logo.

REDAÇÃO 6

IAN GUIMARÃES PICCININ
Ensino Médio (escola particular)
Poços de Caldas / MG
Medicina (Integral) / (1ª opção)

Convocação da associação de moradores em favor da vida

Há um ano, perdi minha amiga de escola, Ana, que, enquanto caminhava na rua, foi acertada pelo disparo acidental da arma de fogo de um indivíduo que, a partir dos Decretos Federais de 2019 e 2021, obteve o porte de colecionador de armas. Em meio a esse triste momento de luto, recebi a notícia de que empresários pretendem abrir um clube de tiro aqui, em nosso bairro. Em vista dessa situação, sinto-me na obrigação de combater, localmente, a política armamentista desse governo federal para evitar que novas "Anas" sofram as consequências dessa irresponsável "política de segurança pública". Dessa forma, convoco uma reunião com a associação de moradores deste bairro para tomar as devidas providências em favor da vida.

Primeiramente, gostaria de destacar que a abertura desse estabelecimento representará um risco para a segurança de todos nós, moradores do bairro. Isso ocorrerá, pois o Certificado de Registro, documento que a maioria dos frequentadores do clube de tiro possui, permite que o indivíduo transite com a arma entre sua casa e o clube. Nesse raciocínio, haverá o aumento do trânsito de armas de fogo nas vias regionais, favorecendo fatalidades como a que tirou a vida de minha amiga, tendência evidenciada pelo fato de que, consoante dados do Instituto Sou da Paz, a maior parte das mortes por armas de fogo ocorreu justamente em ruas e estradas. Assim, é claro que apoiar esse projeto é ignorar as estatísticas e pôr em risco todo o coletivo que aqui reside.

Além disso, é necessário que percebamos também as mazelas envolvidas no porte e na posse de armas de fogo de modo geral. Essa necessidade advém do fato de, conforme diz David Hemenway, professor de saúde pública em Harvard, a posse desse armamento triplicar o risco de suicídio, haja vista o fácil acesso a esse objeto em situações de descontrole emocional, além de favorecer o aumento nas mortes violentas de mulheres e crianças. Desse modo, caso desejemos viver em uma sociedade segura e pacífica, cabe a nós construir em nosso bairro uma consciência que negue a necessidade da presença do armamento civil.

Portanto, é evidente que essa suposta política de segurança pública pautada no armamento populacional, da qual a abertura de clubes de tiro faz parte, representa, na realidade, a construção de um coletivo mais violento que pouco afronta a criminalidade, uma vez que, de acordo com o Instituto de Segurança Pública, o real combate ao crime se dá com o aperfeiçoamento da atuação policial, não civil. Dessa forma, justifica-se a necessidade da convocação dessa reunião da associação de moradores do bairro para que, localmente, nos coloquemos contra essa política federal para a adoção das devidas providências diante da possível instalação desse clube de tiro.

REDAÇÃO 7

GIOVANNA VICTOR DA SILVA
Ensino Médio (escola pública)
Campinas / SP
Medicina (Integral) / (1ª opção)

Prezados moradores do bairro da Figueira, tendo em vista a notícia sobre a inauguração de um clube de tiro em nossa região, é de suma importância discutir sobre a questão da posse de armas e da circulação de pessoas armadas nas proximidades do clube.

Primeiramente, deve ser de conhecimento da maioria dos membros da associação a tragédia ocorrida no ano passado, quando Adriane da Silva, jovem estudante da escola municipal daqui do bairro, conhecida e querida por muitos de nós, moradores e alunos do colégio, foi vítima de um disparo acidental realizado por um colecionador que havia acabado de receber o direito de posse de armas pelo recente Decreto Federal de autorização de porte. Por conseguinte, fica evidente o risco iminente de acidentes como esse, que serão mais propícios a ocorrer na região com a abertura do novo clube, visto que a autorização dada pelo decreto permite que os portadores transitem livremente com armas no percurso entre suas casas e o local onde treinam, além de não regulamentar e explicitar medidas contrárias ao manejo das armas fora de clubes e nas ruas.

Em segunda análise, o porte de armas de fogo facilita o acesso a armas para a execução de crimes. Como vimos nos últimos anos, existe uma onda de atentados ocorrendo nos espaços públicos – principalmente nas escolas – do país que é o maior defensor do armamentismo, os Estados Unidos, e, como vocês moradores devem ter visto nos jornais, adolescentes com fácil acesso a armas em casa entram nas escolas e tiram a vida de alunos e professores de forma violenta. Com isso, é possível perceber que o acesso facilitado ao armamento, que ocorre com a flexibilização do porte de arma, concedido a caçadores, atiradores ou colecionadores – membros do futuro clube de tiro –, gera a ocorrência de crimes que, diferentemente do caso de Adriane, podem ser intencionais e ainda mais cruéis, o que assusta principalmente os membros da comunidade estudantil do bairro.

Para finalizar, essa nova ideia de uma segurança pública baseada no armamento da população é contraditória, visto que, segundo estudos recentes publicados nos jornais, organizações criminosas estão se beneficiando dos decretos armamentistas para adquirir mais armas. Dessa forma, há um risco de aumento da violência nos bairros onde essas organizações atuam, já que passam a responder à repressão policial de maneira ainda mais violenta com armas de fogo, por meio de tiroteios que podem atingir acidentalmente a população e gerar, mais uma vez, mortes por balas perdidas, como ocorreu com nossa antiga moradora.

Por fim, como morador e membro da comunidade estudantil preocupado com a instalação do clube de tiro que ameaça o bairro, convoco toda a associação de moradores para uma reunião a fim de discutir e tomar providências a respeito do clube.

REDAÇÃO 8

MARIA GABRIELA LUSTOSA OLIVEIRA
Ensino Médio (escola particular)
Amparo / SP
Engenharia de Computação (Integral) / (1ª opção)

Prezada associação de moradores do Jd. Campineiro, como sabem, há um ano, Ana Sá, estudante do ensino médio residente em nosso bairro, faleceu vítima de disparo acidental por uma arma de fogo. Já naquela época, descobriu-se que a arma fora obtida por meio de licença concedida pelo recém-instituído decreto ampliando acesso a tais instrumentos para Caçadores, Atiradores ou Colecionadores (CACs). Por esse motivo, a notícia de que seria inaugurado um clube de tiro aqui, nesse mesmo bairro, foi motivo de indignação para quem – como eu – conhecia Ana. Assim, como participante ativa dessa comunidade, convoco-os, demais membros, a estarem presentes em nossa sede na próxima quarta-feira (21), às 19h30, para discutirmos as medidas cabíveis de tomarmos para barrar a instalação do estabelecimento em questão.

Conforme se sabe, a instalação do clube de tiro está sendo financiada por um grupo de empresários, também habitantes do Jd. Campineiro. Esses, no entanto, parecem desconsiderar os perigos envolvidos no porte de armas de fogo em público, em detrimento do benefício financeiro próprio. Isso porque o Decreto de CACs estabelece o porte de armas pelos autorizados a possuí-las enquanto transitam de sua casa até o clube de tiro. No entanto, tal definição de "trânsito" é imprecisa, abrindo margem para o indivíduo andar armado constantemente. Ilustram a situação dados do Instituto Sou da Paz, revelando a ocorrência de 1.552 casos de mortes por armas de fogo de mão em ruas e estradas apenas em 2021, em comparação com 1.255 casos em 2020, ano anterior ao decreto. Para mim, é impossível ver esses dados sem pensar em Ana. Paralelamente, o pensamento de David Hemenway, professor da Universidade de Harvard, aponta a relação entre disponibilidade de armas de fogo e incremento do número de mortes violentas – tanto acidentais quanto homicídios dolosos. Por isso, a presença dos senhores na reunião é primordial para impedirmos a instalação desses clubes, que estão longe de trazer benesses à nossa população, visto que as decisões para o bairro devem ser tomadas em prol da coletividade e por quem verdadeiramente conhece sua realidade.

Ainda é válido ressaltar aqui o quanto o porte e a posse de armas de fogo apenas trazem efeitos deletérios à população, a fim de elucidar aos senhores a urgência de ações para tolher o novo estabelecimento armamentista. Para além do apontado pelo professor Hemenway, conforme divulgado no jornal *O Estado de S. Paulo*, criminosos do PCC têm feito uso das licenças para armas, sejam elas obtidas por pessoas já com ficha criminal ou por "laranjas". Notem: não há como conceber a existência de uma política de segurança pública baseada no armamento da população, visto que medidas visando estendê--lo, como as licenças de CACs, acabam aplicadas para incremento da violência preexistente, ao contrário de usos para lazer e segurança pessoal argumentados por seus defensores. Por esse motivo, o Instituto de Segurança Pública aponta a maior eficiência de ações de inteligência, equipamentos e estrutura física modernos, além de políticas públicas sociais, como único caminho efetivo para o combate à criminalidade.

Diante desse cenário urgente, conclamo-os a estarem presentes na reunião que ocorrerá na próxima quarta-feira, de modo a nos engajarmos na busca por providências para conter a instalação do clube de tiro em nosso bairro, haja vista os resultados nefastos decorrentes do porte de armas de fogo em nossas ruas. Certa da eficiência de nossa associação para promover a mudança necessária – honrando a memória de Ana –, aguardo todos em nossa sede.

REDAÇÃO 9

ANA BEATRIZ ANTEQUERA MENDES
Ensino Médio (escola particular)
Jarinu / SP
Educação Física (Integral) / (1ª opção)

Assim como vocês, que estão lendo este texto agora, sou moradora aqui do bairro. Desde que minha amiga morreu, no ano passado, não vivo mais em paz, pois o medo de morrer por um atirador me assombra e, agora, com a inauguração do clube de tiro, o sentimento só aumenta. Escrevo este texto então, pois quero convocar uma reunião de todos os moradores da associação do bairro, para que possamos discutir providências perante essa inauguração.

Primeiro, devo ressaltar dados que comprovem os perigos da abertura desse clube. Segundo informações do Exército brasileiro, quase um clube como esse é inaugurado por dia. Isso é um absurdo! São mais de 880 mil armas de fogo nas mãos de pessoas não qualificadas ou que as possuem apenas para colecionar. Mas eu os questiono: colecionar objetos que tiram vidas? Não podemos normalizar isso e ainda tão perto de nós.

Além disso, a posse de armas agrava outros problemas como o aumento do número de suicídios e de homicídios de mulheres. Não sou eu que digo isso, são dados de *sites* renomados como o da BBC News. Não podemos correr o risco de morrermos por um disparo acidental, assim como minha amiga. Vocês devem se questionar: como alguém tão despreparado possuía armas? Eu vos respondo: Decretos Federais de 2019 e 2021 que facilitaram o porte de armas. Não podemos deixar que nossas crianças morram nas escolas ou nas ruas por outras crianças que possivelmente vão ter acesso às armas dos pais.

Alguns de vocês podem até pensar que ter armas ajuda na segurança pública, mas estão enganados! Uma matéria do jornal *O Estado de S. Paulo* mostra que organizações criminosas como o PCC estão usando esses decretos aprovados para portar armas legalmente. Quantas armas agora a polícia precisará para combatê-los? Viveremos em uma competição sem fim de quem tem mais armas? O Instituto de Segurança Pública já afirmou que a criminalidade está sendo combatida com maior armamento, mas que precisamos de outras políticas para o fim dessa luta.

Por isso, pela real segurança da população, eu clamo para que todos os moradores possam se reunir e não deixar que mais atiradores invadam o nosso bairro. Devemos prezar a nossa vida e a vida de quem amamos. Não quero perder mais uma amiga ou ser a próxima vítima. Não vamos nos calar! Espero todos na próxima sexta-feira, em frente à praça central. Em prol das vidas!

REDAÇÃO 10

MARINA GOMES DE ALMEIDA
Ensino Médio (escola particular)
Guarulhos / SP
Medicina (Integral) / (1ª opção)

Há um ano, a jovem Daniela, de 17 anos, retornou contente para sua casa. Tirara a maior nota na prova de biologia, o que, para ela, era um passo a mais para realizar seu sonho de ser aprovada no vestibular para medicina. Chegou em casa cantarolando e encontrou seu irmão mais velho brincando com uma arma de fogo, pois, aos 20 anos, conseguira seu registro como CAC e já manuseava uma pistola. Tudo aconteceu muito rápido: o disparo acidental, barulhos, gritos. De repente Daniela estava ensanguentada no chão. Ela levou um tiro no peito e todos os esforços para salvá-la foram em vão. Daniela faleceu naquela tarde. Essa triste história não é um evento isolado e tem acontecido com cada vez mais frequência no Brasil. Por isso, nós, moradores do bairro de Araras, precisamos discutir sobre a inauguração do clube de tiro em nossa região. Não queremos mais mortes por armas de fogo.

É fundamental que façamos a nossa parte, impedindo a permanência do clube de tiro para assegurar a segurança de nosso bairro. Como vamos nos sentir seguros sabendo que haverá pessoas transitando com armas pelas nossas ruas? Não podemos ignorar as estatísticas: o Instituto Sou da Paz mostrou que o número de mortes por arma de fogo está aumentando no país e elas acontecem principalmente nas ruas e nas estradas.

Ainda mais, a facilidade do acesso aos armamentos aumenta o risco de suicídios e a taxa de feminicídios, já que a arma está disponível durante as crises psicológicas e os momentos irracionais. Não é isso que o bairro Araras quer!

Os empresários dos clubes de tiro estão interessados apenas no lucro, e não no bem-estar da população. São eles mesmos que vendem as armas para seus clientes sem se preocupar com o destino dado a elas. Sabe-se que facções criminosas usam "laranjas" para adquirir armamentos dentro da lei atual. Vamos mostrar que não concordamos com a política armamentista do atual governo, que contribui para armar os criminosos. As armas não devem estar nas mãos dos civis, não somos nós os responsáveis pela segurança pública. Temos que cobrar as autoridades para que invistam em novas polícias para combater a criminalidade e garantir a segurança pública. Armas nas mãos erradas só causam morte, e não queremos novos casos como o de Daniela.

Vamos fazer nossa voz ser ouvida! Venha defender nosso bairro! No próximo sábado, a associação de moradores de Araras discutirá sobre quais providências serão tomadas em relação ao clube de tiro. Compareça! Sua opinião é importante.

REDAÇÃO 11

LARISSA SILVESTRINI SALVIATTI
Ensino Médio (escola particular)
Limeira / SP
Medicina (Integral) / (1ª opção)

Caros moradores do bairro Carolina Maria de Jesus,

Eu, enquanto vizinha de vocês, preciso tratar de um assunto sério que vai afetar todos nós: o Clube de Tiro Messias, que será inaugurado dentro de um mês, ao lado do bar do Celso. Digo que esse estabelecimento nos afetará, mas acredito estar usando um eufemismo: na verdade, ele colocará nossa vida em perigo. A convivência com pessoas portadoras de armas de fogo é arriscada, mesmo quando o uso do instrumento se restringe a um ambiente fechado, e minha amiga foi a prova disso. Há um ano, Ana, que estudava comigo, não resistiu ao ser atingida por uma bala perdida, disparada por um frequentador do Clube de Tiro Jair. E essas "balas perdidas" acabam encontrando alvos padronizados, compostos principalmente por pessoas negras. Vocês acreditam que seja coincidência a abertura do clube bem aqui, onde a maioria da população se enquadra nessa descrição? Adquirir uma arma de fogo é ser um risco individual e coletivo. Pesquisas realizadas em Harvard indicam que locais onde há muitos lares com armas possuem mais suicídios, realizados por meio do tiro. E é esse porte que potencializa crimes que já atingiam muitos cidadãos: as mulheres e as crianças, vítimas de violência doméstica, são as que possuem as mortes mais violentas. Aqui no Brasil, não é diferente: apesar de ter havido uma flexibilização para adquirir o Certificado de Registro, que dá ao cidadão o direito de exercer apenas atividades como Caçador, Atirador ou Colecionador, dados demonstram o aumento de mortes por arma de fogo, e as execuções foram realizadas principalmente nas ruas, estradas e residências, o que demonstra um descompasso entre lei e prática, já que o uso do objeto feito para matar não se limitou aos clubes de tiro.

Além disso, é inevitável fazer uma observação: o quadro caótico que atinge os brasileiros atualmente é fruto de um (des) governo iniciado em 2018. Durante todo o seu mandato, o atual presidente fomentou o discurso de que andar armado deveria ser a forma de defesa do "cidadão de bem". No entanto, sua equipe, que não é pautada na transparência, não menciona que, quando o Estado resolveu compartilhar com o povo o uso da força, membros do PCC (Primeiro Comando da Capital) ficaram mais bem equipados e ser Ana tornou-se cada vez mais comum.

Por isso, convoco uma reunião amanhã (12/12/2022) às 19 horas para discutirmos medidas a serem tomadas acerca do assunto. Não nos deixemos virar estatística! Agradeço a atenção e conto com a presença de todos.

REDAÇÃO 12

LETÍCIA BARBANERA DE MENEZES
Ensino Médio (escola particular)
Barretos / SP
Sistemas de Informação (Integral) / (1ª opção)

Cara Associação de Moradores do bairro Brasil,

Eu, moradora da região, venho, por meio deste texto, convocar uma reunião (que, dada a urgência do tema, deve ser sediada até o final deste mês de dezembro, e para a qual todos os residentes do bairro devem ser convidados) na qual possa ser discutido um tópico de suma relevância ao bem-estar de nossa comunidade: a instalação de um clube de tiro no bairro Brasil.

Conforme a Associação já deve ter ciência, um grupo de empresários da região tem planos para inaugurar um clube de tiro. Assim que me deparei com a notícia, não pude deixar de lembrar de Maria de Souza, uma grande amiga minha que, há um ano, veio a óbito, ainda aos 18 anos, em virtude de um disparo acidental por arma de fogo. Essa tragédia me levou a reflexões acerca dos perigos que um clube de tiro traria aos habitantes da região, algo que, creio eu, seja de interesse de todos os indivíduos do bairro.

Nitidamente, a abertura desse clube aumentaria a circulação de armas de fogo na região, uma vez que a Lei Federal prevê que, na posse de um certificado de registro (documento cuja emissão, feita pelo Exército brasileiro, aumentou 474% nos últimos três anos), o cidadão tenha o direito de transitar com armas de fogo no percurso até o clube. Tal situação não garantiria maior segurança a nós, moradores. Na verdade, estudos conduzidos pelo professor David Hemenway, da Universidade de Harvard, apontam que localidades com mais armas de fogo em circulação apresentam maiores índices de mortes violentas, sobretudo entre mulheres e crianças. A instauração desse clube, portanto, coloca em risco, em especial, nossos filhos e filhas, nossas irmãs e mães, nossos amigos, como Maria de Souza.

Além disso, a construção acarretaria outros perigos. Ao tornar mais acessíveis as armas de fogo, de acordo com o professor Hemenway, aumenta-se em três vezes o risco de suicídios entre a população do local. Também, a proximidade de tais objetos pode aumentar a presença e a atuação de milícias em nosso bairro, haja vista que, em decorrência da falta de rigor da legislação nacional em relação ao porte e à posse de armas, muitos criminosos têm conseguido acesso a elas de maneira legal, conforme reportado pelo portal de notícias UOL.

Por fim, cabe questionar, em um sentido amplo, se a justificativa frequentemente dada para o armamento da população (de que constituiria uma política de segurança pública das autoridades) é plausível. Como já evidenciado pelo estudo da universidade norte-americana, o maior acesso a armas de fogo está associado, na verdade, ao aumento da violência. Ademais, é certo que a Lei Federal garante a segurança pública como um direito. No entanto, determina-o como função do Estado, não da população. Assim, mesmo que a medida visasse ao combate à criminalidade, não apresentaria fundamentos legais.

Espero que, após ter lido sobre todos os malefícios que a instalação de um clube de tiro traria à população do bairro Brasil, a Associação de Moradores convoque, o mais rápido possível, uma reunião na qual possam ser debatidas providências a serem tomadas contra a instalação do clube mencionado. Agradeço a atenção da Associação a essa convocação e fico à disposição para auxiliá-la na organização da reunião.

REDAÇÃO 13

PIETTRO PASQUALI PADREDI
Ensino Médio (escola particular)
Sorocaba / SP
Medicina (Integral) / (1ª opção)

Moradores do Jardim da Paz, acredito que, a essa altura, a maioria de nós já deve ter conhecimento, mas, de qualquer forma, comunico a todos: por mais irônico que possa parecer, um grupo de empresários planeja inaugurar um clube de tiro bem aqui, em nosso bairro. Por uma série de razões, sobre as quais tratarei abaixo, de forma breve, não podemos deixar que isso se concretize. Tendo esse fato em vista, convoco todos para uma reunião, a ser realizada na próxima quarta-feira, às 20h, excepcionalmente, dada a gravidade do contexto, na sede da associação dos moradores do bairro, para decidirmos sobre as nossas ações quanto a essa incômoda novidade.

No último ano, vi de perto o imensurável estrago que a política armamentista deste atual governo é capaz de causar: minha amiga Maria, que conhecia desde os 6 anos de idade e que era praticamente uma irmã para mim, foi morta, vítima de um disparo acidental durante uma festa em família. O tio dela, aficionado por armas de fogo – e dotado do Certificado de Registro, que permite a posse de uma quantidade totalmente ilógica e absurda dessas máquinas de matar –, levou um revólver recém-adquirido para "mostrar para a criançada". O final dessa história foi, como sempre, trágico e resultou, como disse, na morte de Maria – e de um pedaço de mim mesma.

Alguns empresários querem agora trazer essa realidade para nossa vizinhança, literalmente. Se permitirmos que isso aconteça, seremos coniventes com o aumento da violência e com o fortalecimento do crime organizado. Digo isso, pois, segundo levantamentos recentes, o PCC – organização criminosa nacionalmente conhecida pela violência – tem utilizado "laranjas" para a compra de armas, visando à ampliação do arsenal do grupo, armas essas, muitas vezes, comercializadas dentro de clubes de tiro, como esse que planejam abrir. Em outras palavras, trazer o clube para o nosso bairro é também trazer violência e insegurança para todos.

Além disso, não há outros objetivos para o uso das armas que não estejam ligados a intimidar, ferir e até matar pessoas. Sob a defesa de uma suposta liberdade individual, os armamentistas – e o governo – contribuem, na realidade, para uma maior ocorrência de mortes por armas de fogo – como demonstrado pelo significativo aumento desses casos entre 2020 e 2021 registrado pelo Instituto Sou da Paz. Nesse sentido, contrariando o senso comum, países como os EUA – exemplo de uma falha política armamentista que inspira o atual governo – demonstram a direta relação entre maior circulação de armas e maiores índices de violência.

Creio que vocês compreendem melhor a gravidade da situação que está a um passo de ocorrer. Esse é o resultado de uma política que "terceiriza" a segurança pública e, equivocadamente, confere à população a responsabilidade de sua autodefesa: uma sociedade que vive cultuando as armas e a violência; que inaugura um clube de tiro a cada esquina, diariamente. Mas os números não mentem. Maria, agora morta, não mente. Continuar com essa postura só trará prejuízos a todos. Por isso debateremos para encontrar melhores soluções.

Conto com a presença de todos na quarta-feira, para que discutamos e nos organizemos contra esse absurdo.

Atenciosamente, Gabriela, moradora da rua das Margaridas, casa n. 472.

REDAÇÃO 14

FERNANDA SINGOLANI GAZOLA
Ensino Médio (escola particular)
Santa Cruz do Rio Pardo / SP
Medicina (Integral) / (1ª opção)

À cara associação de moradores do bairro da Esperança:

Hoje o dia amanheceu triste. Há um ano, eu perdia de forma repentina a minha melhor amiga. Uma garota cheia de sonhos, que teve sua vida roubada por um tiro acidental disparado por um colecionador legal de armas. O responsável? Livre. Minha amiga? Mais uma nas estatísticas dos acidentalmente atingidos por uma bala fatal. Coincidentemente nesse dia recebi a informação de um clube de tiro a ser inaugurado em nosso bairro e, em face da triste situação que mencionei, sinto-me no dever de fazer algo. Por isso, gostaria de convocá-los para uma reunião, para que, junto comigo, possamos impedir que algo desse tipo seja inserido aqui. Afinal, nosso bairro nunca foi nem há de ser palco de violência, certo?

Não sei se estão cientes, mas um clube de tiro não funciona apenas como entretenimento a quem já tem arma. Tais lugares também atuam auxiliando os interessados no porte a conseguir os documentos necessários para sua emissão – ou o Certificado de Registro, que lhes permite frequentar os clubes e os deixa livres para circular livremente de suas casas para eles portando a arma. Isso significa que, constantemente, teremos em nosso bairro pessoas circulando armadas – sim, armadas. Sei que podem pensar que todas são capacitadas para isso, mas, se isso é verdade, como explicar a bala mirada diretamente para a cabeça de minha amiga e disparada por alguém que não sabia que a arma estava engatilhada? Ruas e estradas são os locais em que se verificam os maiores números de mortes por armas de fogo, e um exemplo tão próximo a mim, conforme apresentado, só me faz ter certeza do risco que a instalação do clube representou ao nosso lar.

Solicito a ajuda de vocês porque a posse de armas de fogo – que tais clubes têm ajudado a disseminar – tem se mostrado um prejuízo às pessoas dentro de suas próprias casas: o número de homicídios de mulheres, por exemplo, cometidos por seus cônjuges só cresce – é só ligar a TV para se deparar com situações assim. A motivação? Raiva, ciúmes. Coisas das quais qualquer um pode se tornar alvo. Isso sem contar que a presença de armas parece funcionar como uma espécie de gatilho para o suicídio – não à toa ele se faz mais presente em países que legalizaram o porte. Por tudo isso, peço licença aos que acreditam que armar a população brasileira é o melhor caminho a tomar e aos que concordam com a normalização da instalação dos clubes de tiro, e solicito que repensem. Armar a população brasileira é o mesmo que lhe dar vias de fazer justiça com as próprias mãos – e já moramos em um país banhado em sangue. Uma política de segurança pública eficaz é aquela que prepara seus agentes de segurança, seus policiais, equipando-os com a tecnologia adequada e aquela que designa ao Judiciário a justiça, e não aos seus cidadãos. Não é a eles que cabe a interpretação do que é justo no que diz respeito a atirar ou não no outro. Pensando nisso, reitero minha convocação para que participem da reunião amanhã, às 17 horas, em minha casa, para tomarmos as providências requeridas. Agradeço desde já.

REDAÇÃO 15

MELISSA SANCHES ROSOLEN
Ensino Médio (escola pública)
Americana / SP
Medicina (Integral) / (1ª opção)

Como residente e membro da Associação de Moradores do Bairro Vila Esperança, eu convido todos os participantes desse grupo para discutir a respeito da inauguração de um clube de tiro na nossa comunidade. Quando fiquei sabendo dessa notícia, lembrei que, há exatamente um ano, minha amiga foi vítima de uma bala perdida quando estava ao meu lado na escola, e essa novidade me preocupou pelo motivo de não saber como iremos manter a segurança do nosso bairro quando nele for inaugurado um local para usar e obter armas. Para aqueles que desconhecem a legislação brasileira, a emissão do Certificado de Registro pelo Exército para atirar, caçar e colecionar armamentos autoriza o portador a transitar com a arma no caminho entre sua casa e o clube, o que evidentemente é um perigo aos moradores da Vila Esperança, devido à possibilidade de ocorrer um disparo acidental nesse percurso e atingir um cidadão inocente.

Embora a abertura de clubes de tiro seja um empreendimento benéfico para o setor econômico da indústria armamentista, o seu lucro não justifica a ameaça à integridade das pessoas através do porte dessas munições por sujeitos, em sua maioria, inconscientes da responsabilidade de deter uma arma de fogo, seja em ambiente privado ou público. Além de poder afetar os outros, possuir armamentos pode causar riscos incontornáveis ao próprio portador, pois uma notícia recente da BBC News afirmou que, segundo David Hemenway, professor de saúde pública de Harvard, a chance de suicídio triplica quando o sujeito possui uma arma; também se verifica o aumento das mortes violentas, como assassinatos e homicídios, nos lares em que há mais desses objetos perigosos. Além disso, um estudo do Instituto Sou da Paz constatou um crescimento de mortes por armas de fogo de mão em estradas e ruas de 2020 para 2021, locais estes que lideram o *ranking* de ocorrência de tais atrocidades, justamente espaços onde nossas famílias passam a maior parte de seu tempo de socialização.

Vale salientar também a aquisição de armas legalmente pelos integrantes do Primeiro Comando da Capital, sustentada por decretos do presidente, autoridade máxima que, supostamente, deveria zelar pela integridade da sua população. Entretanto, a sua política disponibiliza aos criminosos da facção, e a quem mais desejar integrá-la, a compra de armamentos através de seu registro como Caçadores, Atiradores ou Colecionadores, os famosos CACs, o que contribui para a manutenção e a intensificação da criminalidade e da violência na sociedade. Por consequência, as políticas de segurança pública são ineficientes, porque a melhora da estrutura e da informatização policial não compensa o crescente porte de armas populacional, que deveria ser cessado. Portanto, após uma longa conversa com os empresários do clube de tiro, eu consegui agendar uma reunião com eles para a próxima quarta-feira, dia 14 de dezembro de 2022, na praça central de nosso bairro, às 19 horas, e todos os membros da Associação estão convocados a comparecer. Vamos juntos nessa luta contra a propagação do crime e da violência em nossa comunidade e a favor de uma vivência digna e harmônica.

VESTIBULAR UNICAMP 2023

REDAÇÕES DOS CANDIDATOS
PROPOSTA 2

REDAÇÃO 16

LETÍCIA BETIO GONZALEZ
Ensino Médio (escola particular)
Piracicaba / SP
Odontologia (Integral) / (1ª opção)

Cara direção escolar, eu, estudante do terceiro ano do ensino médio, soube, por meio dos meus professores, que os senhores estão dispostos a ouvir depoimentos para aprimorar o projeto de "educação antirracista". Portanto, decidi contribuir para tal projeto relatando-lhes um fato que me ocorreu e me fez refletir a respeito de como a diversidade étnico-racial é tratada no âmbito escolar.

Em uma das aulas de artes deste ano, por um certo descuido de minha parte, acabei esquecendo meu estojo contendo lápis de cor e, como seria necessária a utilização deles durante a aula, minha amiga, extremamente solícita, se dispôs a me emprestar seus lápis. Em determinado momento, ao pedir-lhe que me emprestasse o lápis "cor de pele", ela me entregou um lápis da cor marrom; eu automaticamente ri da situação e disse a ela que aquele lápis não era cor de pele. Logo que terminei de dizer isso, me dei conta da idiotice que havia cometido. Não tem cabimento essa minha atitude. Vivo em um país marcado pela miscigenação, um país onde a maioria é negra e parda e tenho comigo que o lápis que representaria a cor da pele seria o que não representa a população. Estou prestes a me formar no ensino médio e ainda assim tenho comigo essa forma camuflada de racismo estrutural. Era óbvio para a minha amiga que a cor à qual me referia era marrom, já que condizia com a tonalidade de sua pele, mas, para mim, mesmo sendo negra, não era tão óbvio assim. Mas por que não era tão óbvio assim? Porque, mesmo sendo negra, tenho enraizado isso em mim!

Bem, pensei muito acerca dos meus questionamentos e concluí que a própria escola carrega consigo uma enorme responsabilidade por eu pensar, até o ocorrido, daquela forma. Mesmo sendo imposta pela Constituição Federal, no artigo 26-A, a obrigatoriedade do ensino da cultura e história afro-brasileira, pouco me recordo desse tema sendo abordado durante toda a minha vida acadêmica, o que contribuiu para eu menos me conhecer e ter consciência de minha real etnia. Por esse viés, ao pensar em debates raciais, tema de suma importância, percebe-se que são basicamente inexistentes em nossa escola, colaborando para a existência de uma sensação de democracia racial, na qual todos somos iguais, e por isso não se fariam necessários debates sobre as diversidades, ou para o tratamento do racismo como simplesmente um caso particular de *bullying*, e não como algo muito mais complexo, estrutural e que envolve todos. Entretanto, diretores, sabemos que a realidade não é essa, a igualdade não existe e isso está "nas nossas caras": todos os nossos professores são brancos, enquanto todos os zeladores e faxineiros, negros. Acho pouco possível que não haja professores negros qualificados para exercer a profissão.

Por fim, acho de grande importância o projeto que estão realizando de educação antirracista, mas espero que as medidas tomadas não sejam apenas para conter os atos de racismo mais visíveis, como as diversas vezes em que presenciei meus amigos negros serem chamados de macacos, mas que reestruturem toda a forma de ensino, todo o currículo, todo o corpo educacional, a fim de tornarem mais frequentes os debates e ensinamentos sobre as diversidades, para conseguirem extinguir o racismo estrutural, este que eu, mesmo sendo negra, tenho enraizado em mim.

REDAÇÃO 17

GIOVANNA QUIMENTON
Ensino Médio (escola particular)
Valinhos / SP
Música: Composição (Integral) / (1ª opção)

Concluo o ensino médio no fim de 2022 e afirmo que, durante os meus 15 anos de vida escolar, tive um contato indireto com o racismo dentro desta instituição. Utilizo esse termo ("indireto"), pois me identifico racialmente como uma pessoa branca. Nunca sofri racismo e tive, durante toda a minha vida, incontáveis privilégios devido à cor de minha pele, algo que meus colegas negros nunca tiveram, nem mesmo dentro desta instituição.

No mês passado, infelizmente presenciei um ato de racismo dentro dos limites do colégio. Após o período e o resultado das eleições à Presidência do Brasil, certos alunos proferiram discursos de ódio e ofensas racistas a um dos meus amigos negros, durante uma discussão política no pátio em frente à biblioteca do colégio. Frases como "tinha que ser preto mesmo, para dizer isso", "seu neguinho desgraçado" e "volta para selva, macaco" foram dirigidas ao meu amigo. Não bastasse isso, ele também fora adicionado em um grupo com os mesmos alunos racistas que o insultaram, no qual eles espalharam mensagens, figurinhas e mídias, em forma de ataque ao meu amigo e à comunidade negra, com cunho racista e referentes à ideologia da supremacia branca, como o nazismo e o fascismo.

Percebi que os ataques dirigidos ao meu amigo não foram um mero reflexo das tensões que surgiram no período das eleições, mas sim, e principalmente, um reflexo do caráter racista da sociedade brasileira, que muitas vezes não é corrigido e tampouco interrompido, por estar até mesmo estruturado na instituição escolar, já que a diversidade étnico-racional é pouco ampla e acessível no domínio educacional, especialmente em nosso colégio, por se tratar de uma instituição privada com maioria de alunos e professores brancos. Durante toda minha vida escolar, tive contato com apenas um professor que se identificava como pardo e com dois alunos negros. Compreendi que a maioria das pessoas negras do colégio se encontrava em uma posição subalterna: elas ocupavam cargos fora da área pedagógica, voltados para manutenção, limpeza e segurança da escola. Minha primeira aula sobre a história da África e a cultura africana se deu apenas este ano, como um "preparo" para o vestibular. No jardim de infância havia apenas um lápis "cor de pele" e os debates sobre racismo e o contato com sociólogos negros se deram somente nos últimos anos do ensino médio. E é por isso que digo: basta.

Por mais que eu não consiga ver o projeto de educação antirracista mencionado e a ser realizado pela direção em pauta, espero que nossas vivências contribuam para a elaboração de um projeto que alcance medidas que garantam a pluralidade étnica no corpo docente da instituição, sigam o art. 26-A da Constituição já nos anos primários de ensino e repudiem o racismo, repensando todas as dimensões do sistema educacional.

REDAÇÃO 18

JONATHAN DE OLIVEIRA SILVA
Ensino Médio (escola particular)
São Paulo / SP
Medicina (Integral) / (1ª opção)

Diante do projeto de educação antirracista que o nosso colégio deseja implementar, gostaria de deixar registradas algumas considerações sobre como é estudar aqui. Hoje, aos 17 anos, afirmo, com muito orgulho, que sou um jovem negro, de pele parda, mas nem sempre foi assim. Essa autoafirmação foi construída fora desta instituição. Confesso que não vejo este problema – o apagamento dos negros – apenas aqui, mas vejo em toda a sociedade. Esses dias li em um perfil antirracista nas redes sociais que, no Brasil, "não se nasce negro, torna-se". Essa afirmação me fez pensar em tudo que eu já passei para construir minha autoimagem como homem negro e, a partir dela, valorizar a minha negritude. Nessa reflexão em relação ao passado, não vi a escola contribuir em nada para a minha conexão com meus ancestrais bem como para a formação da minha subjetividade amparada em um orgulho negro. Aliás, minto! Eu me conectei sim com a minha afrodescendência: através do racismo. Poucas não foram as vezes em que eu ouvi coisas como "moreninho", "mulato" e "negão", o que me fazia ter crises existenciais absurdas. Afinal, o que eu sou? Penso que o ambiente escolar faz a gente se conectar com a nossa negritude através da tragédia, e não da potência.

Sinceramente, nunca aprendi em sala de aula coisas grandiosas que os negros fizeram. Ainda que esteja previsto por lei o ensino da história e cultura africana, a única coisa que aprendi a respeito disso em sala de aula foi a escravidão. Por que vocês deixam em segundo plano o fato de Machado de Assis ter sido negro? Uma educação antirracista começa quando não limita as nossas potencialidades, quando nos deixa sonhar. Enquanto vocês da coordenação não encararem o racismo como algo muito mais amplo e sofisticado do que um mero xingamento com roupagem de *bullying*, essa suposta educação antirracista será utópica. A gente precisa se ver nas escolas, se ver nos professores, e não só nas tias da cantina e da limpeza.

Meu sonho é ser médico e é maluco pensar que esse foi um desejo que eu alimentei fora daqui, ao decidir me tornar negro e buscar a força da minha ancestralidade.

REDAÇÃO 19

MANOEL SOUSA FERREIRA FILHO
Ensino Médio (escola pública)
Campinas / SP
Letras – Licenciatura (Noturno) / (1ª opção)

Para mim, nunca foi fácil estar aqui, em um colégio particular historicamente direcionado para a elite branca de Campinas. Consigo contar nos dedos das minhas mãos quantos estudantes negros há na escola, e, se eu for contar só os do terceiro ano, a situação é ainda pior, sou só eu e mais um colega. Aqui na escola, nós, negros, sofremos um ataque muito grave no ano passado, quando picharam "volta para a senzala" na parede do banheiro masculino. Na época, os alunos responsáveis pela pichação foram expulsos e seus pais vieram, na direção, pedir desculpas para a gente. Esse foi, sem dúvida, o caso mais grave e explícito de racismo que vivi aqui, mas não acaba por aí.

Racismo não é só quando ocorre uma atitude evidente de injúria. O racismo se expressa, por exemplo, na gritante desigualdade de oportunidades de aprendizado, seja na composição majoritariamente branca aqui da escola, no fato de que apenas 52,6% dos negros concluem o ensino médio, ou no fato de que apenas 12,8% dos negros entre 18 e 24 anos estão cursando o ensino superior, enquanto 26,5% dos brancos da mesma faixa etária ocupam os bancos das universidades.

Nesse sentido, o racismo não é um problema particular meu, nem pode ser solucionado com expulsões, declarações ou diálogo entre pais e alunos. O racismo é, segundo Sílvio Almeida, estrutural, sistêmico, dado que as feridas históricas da escravidão do meu povo ainda seguem abertas na nova sociedade, o que requer respostas estruturais.

Há quem, olhando nossa escola de fora, pense que pelo menos aqui, depois de tudo, vigora o mito da democracia racial. No entanto, a realidade é que a escola também expressa o racismo estrutural da nossa sociedade. A professora Joice, de artes, por exemplo, é a única professora negra e a única que trata sobre a história e cultura afro-brasileira e indígena nas aulas. Com ela conheci autores e referências negras com quem me identifico, como Chinua Achebe, Ngũgĩ wa Thiong'o e José Craveirinha, de forma que hoje tenho autoestima e orgulho de ser negro. Agora, por que esse conteúdo está na mão da Joice? Por que os outros professores ignoram autores e saberes negros que deveriam compor todo o currículo?! Não basta não ser racista, é preciso ser antirracista, o que exige uma práxis ativa da escola, cara direção, de combate ao racismo.

REDAÇÃO 20

ANDRÉ MURILLO DE CASTRO SIQUEIRA
Ensino Médio (escola pública)
Barueri / SP
Medicina (Integral) / (1ª opção)

Cara direção, como estudante do terceiro ano do ensino médio na presente escola e aluno pardo, gostaria de contribuir com o projeto de educação antirracista a ser implementado. Acredito que a escola é o lugar onde nos preparamos para a vida em sociedade e, portanto, deve ser representativa dessa sociedade plural e diversa, além de tratar das problemáticas nela presentes, de modo que aplaudo a iniciativa e a considero importante para reverter o estado de normalização do racismo estrutural no qual a escola se encontra.

É comum no dia a dia escolar que eu e outros colegas de cabelo crespo tenhamos que lidar com ofensas como "cabelo de bombril", "cabeça de capacete" e tantas outras expressões construídas para tratar o cabelo crespo de modo a inferirizá-lo. E essas são apenas as situações de cunho explícito ditas abertamente sem preocupação com a forma como elas repercutem na autoestima dos colegas de classe. Pelos corredores já ouvi falas como "quem aquele preto favelado pensa que é?" e "mas tudo bem, ele tem cabelo duro, mas pelo menos não é preto preto", que mostram como o preconceito racial está enraizado nas opiniões dos alunos e permeia o âmbito público, naquilo que as pessoas se sentem à vontade para dizer em voz alta, e o âmbito privado, naquilo que as pessoas dizem quando acham que ninguém está ouvindo. Isso revela que as camadas banhadas pelo racismo são ainda mais profundas que aquelas que observamos casualmente.

Nesse contexto, o racismo se encontra presente não só nas interações e opiniões entre pessoas, mas também se mostra institucionalizado ao observarmos a gritante diferença na proporção de pessoas brancas e não brancas no corpo docente, no qual prevalecem os brancos, e no quadro de funcionários de limpeza e segurança, no qual prevalecem os negros. É esperado que jovens em idade de formação reproduzam visões racistas quando estão rodeados de estruturas que corroboram essas visões. Aqui, o negro é visto majoritariamente em posições de servidão, limpando as carteiras, guardando os portões e cozinhando a merenda, enquanto na sala de aula professores brancos discutem feitos, conquistas e obras de homens brancos. Além de não nos vermos representados, temas tocantes à história e à cultura afro-brasileiras e indígenas e ao racismo, apesar de presentes, são tratados com superficialidade, e os questionamentos sobre a falta de aprofundamento são respondidos evasivamente, nutrindo e reiterando um ambiente de relativização do racismo.

Assim, agradeço a oportunidade de compartilhar minhas percepções sobre a atual situação da escola e torço por uma implementação bem-sucedida e resultados positivos.

REDAÇÃO 21

LARA MARIA PEREIRA MARTINS
Ensino Médio (escola particular)
Piracicaba / SP
Estudos Literários (Integral) / (1ª opção)

Sou aluna do colégio desde que "me conheço como gente" e me formo no final deste ano. Fico feliz em saber do projeto, de verdade, mas triste por saber que demorou tanto para que uma iniciativa assim fosse tomada. Tanto que não estarei aqui para ver acontecer. Sou branca, como praticamente todos os alunos daqui. Escola particular, né? Acho que a maioria é assim. Transformaram a educação em mercadoria e privaram do conhecimento aqueles que não podem pagar por ele. E não é novidade para ninguém que, no Brasil, o poder de compra diminui conforme a melanina aumenta.

Agradeço todos os dias pelo privilégio de estudar em um lugar como este e pelos professores sensacionais que me ensinaram durante meu tempo aqui. Espero ser uma professora como eles. Eu acredito profundamente no potencial transformador da educação. Talvez seja por isso que fico arrasada ao perceber que ela não chega àqueles que mais precisam dela. Arrancaram dessas pessoas o direito de aprender. O direito ao acesso. E, se forem negras, muitas vezes o direito à vida também. Que Estado é esse que mata o próprio povo? Por que a polícia me protege e acerta uma bala no menino preto que voltava da escola com a mochila nas costas? Por que eu posso estudar e ele não?

Nunca presenciei nenhum ato de racismo no colégio. E me pergunto se isso não se deve ao fato de que alunos negros são praticamente inexistentes aqui. Em dez anos, conheci três. Nenhum professor. Por outro lado, a maioria das mulheres na equipe de limpeza são negras. O jardineiro também. Tenho quase certeza de que a mensalidade que pago é maior que o salário deles. Para mim, isso é ainda mais representativo do racismo "*à la* brasileira" que ofensas individuais.

Sinto muito, porém não é suficiente ensinar sobre o racismo para quem nunca vai saber o que é sofrer com ele, literalmente, na pele. É preciso atacá-lo de frente. É preciso que um debate sobre cotas raciais em uma instituição de ensino privada não seja feito somente por alunos e professores brancos, como aconteceu aqui. É preciso devolver a esses indivíduos não só o direito de aprender, mas de ensinar. A sabedoria deles está fundamentada em experiências que nós nunca teremos e, por isso, ultrapassa os muros da escola. Mas eles merecem e precisam ocupar esses espaços também.

É também tocar na raiz, mexer na estrutura. Isso é o verdadeiro antirracismo.

REDAÇÃO 22

ANA LAURA ALMEIDA FERREIRA
Ensino Médio (escola pública)
Campinas / SP
Medicina (Integral) / (1ª opção)

Escrevo este depoimento, como aluna negra deste colégio, para expor meu ponto de vista acerca da discriminação racial no âmbito escolar, e também minha insatisfação quanto à mobilização tardia por parte da direção e do corpo docente no combate às manifestações racistas presentes nesta comunidade. Como aluna do terceiro ano do ensino médio e tendo passado todos os meus anos escolares nesta instituição, fui vítima e testemunha do racismo que aqui se mantém, semestre após semestre, porém acredito que uma proposta educacional antirracista é capaz de contornar esse cenário e construir um ambiente acadêmico saudável para alunos pretos e pardos.

A primeira experiência racista que reconheci ter sido vítima neste colégio foi há quatro anos, quando houve um aumento de casos de "piolho" entre os alunos, episódio no qual a coordenação convocou os discentes negros para instruir sobre a forma "segura e higiênica" de portar cabelos crespos e cacheados dentro das dependências escolares, o que na prática significou uma intimação para que prendêssemos ou cortássemos o cabelo. Depois dessa infeliz ocasião, tornei-me mais atenta quanto às diversas práticas racistas propagadas nesta escola, como a ausência de toucas e equipamentos de proteção individual, nos laboratórios de ciências, que se

REDAÇÕES 2023

adequem a cabelos afro e, também, como as encenações teatrais feitas na disciplina de História do Brasil sempre subjugam os alunos negros a papéis de servos ou escravizados, e nunca com protagonismo.

O interesse neste relato é: queixas como essas já foram direcionadas às autoridades escolares tanto por mim quanto por outros alunos, e acredito que, se contássemos com docentes negros no colégio, nossas denúncias teriam sido lidadas com mais seriedade e empatia. Assim, percebo que a questão racial é tratada como um incômodo nesta escola, em que reivindicações de alunos negros são desconsideradas, ou na inclusão superficial de conteúdos de história e cultura afro-brasileira e indígena no currículo escolar, feita apenas para acatar determinações de uma lei, e não para promover o conhecimento da diversidade etnocultural. Logo, como estudante negra, sou incapaz de me sentir acolhida dentro de um espaço escolar que me oprime e reduz minha autoestima.

Por fim, encerro meu depoimento afirmando que, apesar de ter vivido momentos felizes nesta instituição, a discriminação racial aqui propagada me deixou marcas que permanecerão após a formatura. Espero que o projeto de educação antirracista tenha sucesso e que promova nos alunos negros o sentimento de pertencimento que não fui capaz de ter neste colégio.

REDAÇÃO 23

FERNANDA ZIBORDI PAULO
Ensino Médio (escola particular)
Vinhedo / SP
Ciências Econômicas (Integral) / (1ª opção)

Devo dizer, primeiramente, que estou feliz com essa iniciativa do colégio, mas também um pouco desconfiada de sua efetividade. Falo isso por tudo o que eu já vi acontecer aqui dentro. Falo isso porque, durante todo meu percurso nesta escola, sempre tive a sensação de não pertencimento. Nunca me senti completamente incluída na nossa escola por diversos motivos que vou relatar aqui. Porém, posso afirmar que a maioria deles se relaciona com uma coisa: minha pele. Por eu ser uma das pouquíssimas garotas negras desta escola particular, talvez o anonimato nem surta efeito. Mesmo considerando professores e funcionários, ainda há pouquíssimas pessoas com a minha cor de pele neste ambiente. E isso, devo admitir, ocorre desde que eu era criança. Entrei aqui com 6 anos, cursando o 1º ano do ensino fundamental. O primeiro choque foi nessa época, mesmo que eu não tivesse noção completa para entender: meus coleguinhas me olhavam de modo "diferente". Eram olhares de estranhamento e de receio. Ainda que, na minha infância, nunca tenha sofrido uma agressão direta, sentia que havia algo errado comigo. Por que me olhavam desse jeito? Por que eu era sempre a última escolhida nas brincadeiras? Muita gente já me disse que era *bullying*, mas hoje eu entendo a verdade.

Apesar disso, o tempo passou e eu entrei no ensino médio. Achava de verdade que as coisas poderiam melhorar, principalmente porque estava trabalhando minha autoconfiança e descobrindo mais sobre a importância da cultura negra (muito por conta da internet). Porém, eu não estava preparada para aqueles três anos. Não estava preparada para os mesmos olhares. Não estava preparada para as matérias de povos africanos, implementadas por lei, serem postergadas até o limite, a ponto de não serem passadas. Não estava preparada para a minha primeira agressão racista direta. Sobre esta última, prefiro não entrar em detalhes, apenas digo que envolveu uma "zoeira" ridícula sobre "o que é um lápis cor de pele" e que a escola nunca tomou alguma providência. O menino que cometeu o ato de racismo ainda estuda comigo e, ao longo do ensino médio, já realizou outras agressões contra mim e contra outras pessoas negras. No começo dessa angústia, não conseguia entender a crueldade do menino e a passividade da escola no assunto, mas hoje eu entendo.

Hoje, no final do 3º ano do ensino médio, entendo que a nossa escola nunca se esforçou realmente para reformular as suas estruturas com caráter excludente e racista. Repreendas não são e nunca foram suficientes para combater o racismo aqui dentro, já que as pessoas, as didáticas, os currículos e as perspectivas continuaram excludentes até o final. Não acho que há alguma reparação possível para mim agora, mas espero que essa iniciativa marque o início de uma nova conduta do colégio: uma conduta antirracista. Termino aqui esperançosa de que o antirracismo seja acolhido nesta escola e que, assim, os próximos alunos negros também o sejam.

REDAÇÃO 24

CAROLINA ALVES ANDRADE
Ensino Médio (escola particular)
Franca / SP
Medicina (Integral) / (1ª opção)

Interessei-me em produzir este depoimento para contribuir com a proposta de uma educação antirracista, pois, como aluna branca do 3º ano do ensino médio, presenciei diversas vezes atitudes racistas com minha amiga negra Gabriela. As agressões não são apenas diretas e verbais para ela, muitas vezes estão implícitas na escola, disfarçadas de elogios e camufladas pelos outros como uma "brincadeira". Ademais, o ambiente de ensino muitas vezes esconde e contribui para a continuidade do racismo estrutural na medida em que se cala perante essa violência. Neste colégio, a diretora é branca, os coordenadores são brancos, os professores são brancos, e onde estão os pretos? Nas posições de faxineiras e cozinheiras.

Como estamos na época de vestibulares, a discussão sobre cotas se faz muito presente entre os alunos, e a grande parte dos meus colegas que se declararam brancos julga e ataca o direito a cotas que Gabi possui. Diante disso, percebo que, ao longo desses três anos do ensino médio, poucas foram as discussões nas aulas acerca desse mecanismo inclusivo e isso certamente refletiu no comportamento dos alunos, os quais perpetuam o mito da democracia racial e da superação das desigualdades entre outras etnias e brancos. Além disso, nossas aulas sobre África e população e movimentos negros e indígenas foram bem breves e diretas; não houve aprofundamento das questões étnico-raciais atuais, mesmo que a Constituição exija seu ensino.

Dessa maneira, o fato de o colégio ser majoritariamente composto por alunos brancos como eu e possuir currículos e aulas que não valorizam a diversidade étnico-racial e não propor debates críticos contribui para que pessoas negras e de outras etnias minoritárias cresçam desconhecendo suas ancestralidades e adotem um padrão de beleza branco e opressor. Quando Gabi alisava seu cabelo, eu percebia seu desconforto com comentários como "ele fica melhor liso, parece mais limpo" ou "por que você não faz progressiva?", os quais, disfarçados de elogios, configuram formas de violência e ataque à autoestima dela. Assim sendo, os alunos deste colégio particular impunham a estética branca sobre minha amiga e, caso ela ousasse reclamar, essas falas racistas eram catalogadas apenas como "comentários" ou *bullying*.

Logo, como uma aluna que convive diretamente com situações discriminatórias com a amiga, não posso dizer que sinto a dor dessa violência cotidiana mascarada no âmbito escolar, mas afirmo, com certeza, que ela é presente no colégio. Por fim, espero que as ações do projeto antirracista realmente contribuam na melhoria do tratamento da importância da diversidade étnico-racial, seja no currículo, seja nas contratações, seja nos conflitos cotidianos.

REDAÇÃO 25

MARIA EDUARDA PEREIRA SANTANA
Ensino Médio (escola particular)
São Paulo / SP
Medicina (Integral) / (1ª opção)

Minha negritude ao longo de minha trajetória escolar nunca me aparentou ser relevante, até que fui apresentada ao antirracismo. Ao chegar no colégio em que estudei durante toda minha vida e no qual, neste ano, completo minha educação básica, deparei-me com o que agora reconheço ser um padrão de nossa escola e sua relação com a diversidade étnico-racial, o padrão do esquecimento. Esse esquecimento não se deu somente pelo fato de poucas pessoas na instituição, tanto estudantes como membros do cargo docente, serem negras, pardas ou indígenas, mas também porque, com exceção de poucos dias do ano, como o da Consciência Negra, a questão racial era considerada irrelevante, numa tentativa de "homogeneizar as turmas" e esquecer-se do racismo estrutural do ambiente escolar, microesfera da situação em nosso país.

Um exemplo disso é o nosso currículo, que, embora cumpra os requerimentos necessários no que tange ao ensino da história e cultura afro-brasileira e indígena, o faz da forma menos antirracista possível. Nas aulas, vemos o negro somente como o escravo, de pele retinta e traços distintos, com pouca instrução e cuja figura, cultura e história são caricaturas: o negro só existe em nossos livros como o escravizado, e sua raça é somente relevante quando se fala de um "passado tribal" na África, cuja importância e cujas contribuições não existem mais. Lembro-me da surpresa que tive ao descobrir que Machado de Assis era negro, pois, em nossas conversas sobre sua escrita e sua biografia, ele não era preto – suas fotografias eram em preto e branco, sua raça era apagada e sua escrita era incolor.

Não foi só a negritude de Machado de Assis que nossa escola, voluntariamente ou não, ignorava. Quando eu e outros colegas sofríamos racismo, nossos agressores eram advertidos com uma simples expressão: "somos todos iguais" – em uma tentativa de transformar o sofrimento negro em algo sem raízes de raça. Porém, o racismo é intrínseco, é real, mas é velado. Todas essas situações – da quantidade reduzida de alunos e professores negros até a associação exclusiva da cultura negra à escravidão – tornaram quase impossível minha identificação como negra – sentia-me inválida em um ambiente que não estimulava o debate racial e que não valorizava minha cultura ou meus antepassados, que me esquecia, que me ensinava que eu era igual "aos demais", os brancos.

Com este depoimento, espero dar voz a uma perspectiva que foi, outrora, apagada, ajudando a promover este projeto de educação antirracista, que deve buscar combater nosso esquecimento: o da raça e do racismo.

REDAÇÃO 26

ISABEL BLENDA DE BRITO
Ensino Médio (escola particular)
São José dos Campos / SP
Medicina (Integral) / (1ª opção)

Sou estudante do terceiro ano do ensino médio e estou enviando meu depoimento como forma de denunciar o ambiente preconceituoso do colégio e encorajar a implementação de uma educação antirracista. Primeiramente, como uma pessoa branca que reconhece os privilégios que tem, vou narrar algumas das situações que presenciei ao longo dos anos, como amiga de uma garota preta nesta escola majoritariamente branca. O mais recente e mais chocante episódio ocorreu quando, no Interclasse, o time de vôlei da nossa sala ganhou de lavada e passou a manhã toda comemorando a estrela do time, que é a minha amiga. Na hora de irmos embora, porém, quando ela abriu seu armário, havia nele uma banana. Minha amiga, que aqui eu vou chamar pelo nome de Maria, ficou muito abalada e inconformada, mas decidiu não contar à direção por saber que nada seria feito a respeito.

A questão é que todos sabemos que isso não é simplesmente *bullying*, é um ataque à identidade de todas as pessoas negras do país. As situações cotidianas que "Maria" sofre, como ser confundida pelo professor com a única outra aluna preta da classe, expressam como este colégio está despreparado para acolher a diversidade. Para ser uma instituição contrária ao racismo, não basta, simplesmente, não ser racista. É necessário desenvolver políticas de combate ao racismo. É necessário contratar mais professores negros. É preciso ensinar uma história menos eurocêntrica.

A direção diz que vai promover um evento de conscientização no Dia da Consciência Negra, mas então chama como palestrante um professor branco? Isso é vergonhoso. Vocês falaram que iriam incluir o ensino das culturas afro-brasileira e indígena, porém incluíram somente uma aula ao longo do ano, lecionada por um professor que não pertence a nenhum desses grupos. A verdade é que, sem medidas efetivas de antirracismo e inclusão, a escola continuará formando alunos como o infeliz que colocou uma banana no armário de "Maria".

Entre as inúmeras coisas que minha amizade com ela me proporcionou, uma foi o aprendizado de que é necessário dar voz a quem é diferente de mim. O colégio tem muito a aprender com "Maria" e muito a fazer para respeitar sua existência. Vamos criar um ambiente escolar mais plural e mais acolhedor com uma educação realmente antirracista.

REDAÇÃO 27

ANA MARGARIDA DINIZ SILVA BORGES
Ensino Médio (escola particular)
Ipatinga / MG
Ciência da Computação (Noturno) / (1ª opção)

Percebo que o ambiente do ensino médio em uma escola particular com mensalidade alta é um dos mais racistas do país. Eu me identifico como branca, e, mesmo não sendo alvo de discriminação étnica, é inegável que ela está enraizada no sistema educacional brasileiro e é praticada, ainda que veladamente, por colegas, por professores, pelas regras da escola e pela grade curricular.

Presencio o racismo contra meus colegas com muita frequência: às vezes escutando um grupo de meninas criticarem o cabelo crespo de uma negra, às vezes percebendo a falta de educação com a qual funcionários pretos são tratados e às vezes ouvindo o uso de apelidos aparentemente inofensivos, mas com clara conotação étnica. O racismo se apresenta de maneiras diversas na nossa escola, mas todas essas formas têm algo em comum: ele é feito de um modo escondido, no escuro, por pura covardia e buscando escapar de punições. Podemos não ter pretos, pardos e indígenas sendo espancados à luz do dia, no pátio do colégio, mas uma coisa é certa: a escravidão e o preconceito continuam no imaginário dos estudantes daqui.

Além dessa discriminação direta e interpessoal, existe aquela ainda mais difícil de combater: o racismo institucional. Aprendemos sobre o continente africano e sobre os povos indígenas? Sim. Mas, na mente de inúmeros alunos, a África é homogênea e pode ser resumida em fome, miséria e guerras e, para outros, o tupi-guarani é a única língua indígena no país. De que adianta ter o ensino da história de minorias raciais instituído por lei se estudamos sobre o tópico de maneira superficial e, ouso dizer, nociva? Explorando outra faceta desse tipo de preconceito, é necessário comentar sobre a presença de negros na escola. Tive 15 professores neste ano. Somente dois pardos e um preto. Na minha classe, estudavam cerca de 60 alunos. Só quatro negros. Isso não é coincidência, é segregação. Precisamos promover a equidade.

Não vou ser hipócrita: admito que eu me beneficio extremamente desse sistema. Mas, acima dos benefícios individuais, a escola deve valorizar a diversidade, a empatia e o bem-estar geral. Como cidadãos, precisamos valorizar as vozes de vítimas de racismo, mudar nossas condutas e pressionar a administração pública por melhorias.

REDAÇÃO 28

ISABEL BORGES DA SILVA
Ensino Médio (escola particular)
Curitiba / PR
Administração Pública (Noturno) / (1ª opção)

Nasci de um pai preto e uma mãe branca. Cresci sendo chamada de "nega", e é assim que assino meus documentos. Frequento esta escola há 14 anos, e, agora, no meu último ano do ensino médio, aos meus 17, senti que preciso contar a minha história para poupar mais sofrimentos e solidão de pessoas que se identificarem comigo.

Foram 14 anos nesta instituição. Tive um único professor negro e nenhuma professora com o meu cabelo. Nenhuma colega para me espelhar, nenhuma diretora com o meu nariz africano. Nos livros, demoramos anos para ver *blacks* dominarem as páginas. Mas, ainda hoje, não sei o suficiente sobre a minha cultura. Aquela lei da qual todos têm orgulho, de quando se tornou obrigatório ensinar a cultura afro-brasileira, pouco serviu a este país. Ano passado, a pedagoga me proibia de usar meu obá do candomblé. Meus colegas não sabem o que são os orixás. Pulam as sete ondas no fim do ano e queimam minha alma com ofensas quando falo sobre Exu.

Minha mãe, sempre ao meu lado, protestava contra os preconceitos. Mas ninguém dá ouvidos às vozes pretas que ecoam resistência no Brasil. Ela que me ensinava a cuidar do meu cabelo crespo. Lembro-me de chegar em casa, após mais uma quinta-feira de educação física, e chorar nos braços dela, pedindo para alisar minha "juba". Meus colegas usavam esse tipo de termo. Como única negra, eu era o leão, o macaco, a bagaça de laranja, submissa aos padrões estruturais consequentes dos 300 anos de escravidão no meu Brasil. E isso não se comentava em sala de aula, até pouco tempo.

"Somos todos iguais!" – dizia a diretora da época para a minha sala, quando me via chorar. A verdade é que não somos. Eu chorava, enquanto eles riam. Eu me procurava, enquanto eles se achavam. Até o fim do ensino médio, pensava que meus ancestrais só poderiam ser escravos. Sofri para me conhecer e entender minha ancestralidade. Demorei para crer que não merecia sofrer racismo. Aprendi a me amar de forma dolorida. Machuquei meu cabelo e minha pele até parar de enxergar com os óculos do racismo. Sem eles, vejo claramente que faltam pretos em todos os lugares merecidos. No poder, nas escolas, em trabalhos, onde quiserem. A representatividade salva vidas. Se somos a maior parte dos brasileiros, onde estamos? Que vença o amor e a resistência.

REDAÇÃO 29

ARIADNE CORREA RIBEIRO
Ensino Médio (escola particular)
São Gonçalo / RJ
Medicina (Integral) / (1ª opção)

Quando a direção solicitou à comunidade escolar um depoimento acerca da discriminação racial na nossa escola, devo admitir que, por um breve momento, considerei ausentar- -me dessa tarefa. Não por entender a causa como sem valor, mas por não me compreender como parte dela, considerando que me identifico como branca. Porém, voltou à minha memória um livro lido tempos atrás, da Djamila Ribeiro, *Pequeno manual antirracista*, no qual a autora afirma que não basta ao branco não ser racista, ele deve ser antirracista. É por essa razão que escreverei para vocês sobre um caso de preconceito presenciado na escola.

Nesse caso, não poderei citar nomes, pois estaria desconsiderando a decisão da minha amiga de evitar prestar queixas. Posso, contudo, dizer ter ocorrido neste mesmo ano, para contextualizar. Como estamos no tão aguardado "terceirão", é recorrente que nossos professores nos perguntem qual carreira desejamos seguir. Ao questionar minha amiga, entretanto, um dos docentes – por acaso já envolvido em outras polêmicas – reagiu de forma inesperada ao ouvir "medicina" como resposta. Ele riu irônico, perguntando se ela não considerava melhor optar por um curso "mais a cara dela". A essa altura, é válido ressaltar que quem estava ouvindo isso era uma das melhores alunas deste colégio, deixando claro que o julgamento do professor não era baseado em capacidade intelectual, o que já seria horrível por si só, e sim na etnia da minha amiga. Depois desse episódio, a vítima chegou a reconsiderar a carreira escolhida; todavia, com muito apoio de seus amigos, manteve-se firme, e eu tenho certeza de que se tornará uma profissional de excelência.

É inegável o quanto essa situação deixou-me reflexiva. Passei a questionar o que seria um curso "mais a cara" da minha amiga. Até que, analisando o corpo docente, entendi o problema. Eu posso contar nos dedos o número de professores não brancos desta escola. Dois. Ambos ministram aulas de educação física. Estereótipo clássico que não era notado por mim até o ocorrido com minha amiga. Vieram à minha cabeça, então, perguntas como: "por que a maioria dos profissionais negros desta escola são destinados à limpeza?", "por que os professores duvidam de meus colegas negros, mesmo eles sendo brilhantes?" e "por que vítimas de racismo não sentem que serão ouvidas ao denunciar para vocês, diretoria, casos como o citado acima?".

Escrevendo este depoimento, pareço chegar a uma conclusão. De uma forma ou de outra, todos somos ou já fomos racistas, apenas preferimos acreditar que não, pois é mais cômodo buscar ilusões, como a democracia racial, do que refletir e mudar. Por isso, acredito que a implantação de uma educação antirracista será extremamente proveitosa para a nossa comunidade, na medida em que nos levará, alunos e profissionais, a refletir acerca de nossas ações, sendo, portanto, um passo para alcançarmos, enfim, a igualdade.

REDAÇÃO 30

RAFAELA GOMES FRANCA
Ensino Médio (escola particular)
Limeira / SP
Medicina (Integral) / (1ª opção)

Trago aqui meu depoimento, como aluna preta, sobre o racismo nesta escola.

No geral, quando me perguntam se já sofri discriminação racial, as pessoas costumam esperar por um episódio bem escancarado de racismo, quase caricato. Não que eu não os tenha vivenciado também, por exemplo: quando estava no 7º ano, ocorreu uma festa à fantasia aqui no colégio e, enquanto todas as garotas da sala estilizavam os cabelos umas das outras para a ocasião, uma das minhas colegas recusou-se a encostar no meu cabelo cacheado. Ela tinha nojo. Disse que meu cabelo tinha "cara de sujo" e que vários bichos deviam morar "nesse emaranhado feio". No entanto, ataques diretos desse tipo – os únicos que nossa escola repudia, genericamente, quando faz suas campanhas contra o *bullying* – não são a forma mais frequente de expressão do racismo no cotidiano escolar.

A falta de representatividade em nossa escola é uma forma discriminatória tão ofensiva quanto xingamentos e, contudo, menos falada. Exemplo desse fenômeno são as aulas de "estudos africanos" que a escola se propõe a oferecer, que parecem ótimas na teoria, mas, na prática, são exposições totalmente superficiais e generalizantes. Honestamente, identifiquei mais minha realidade nas aulas sobre Gilberto Freyre e o mito de democracia racial (já que tão pouco se fala nessa escola sobre desigualdade racial que parece que esta nem existe) do que nessas supostas aulas sobre África, nas quais a pluralidade étnica é esmagada por estereótipos e trechos de análises de homens brancos, estrangeiros àquela realidade. Além disso, "homens brancos" é o tipo que não falta no corpo docente da nossa escola, visto que dos 18 professores que lecionam para minha turma, apenas 1 é negro, o que representa, mais uma vez, a pouca importância dada à diversidade étnico-racial por aqui.

Esse racismo estrutural, que se manifesta de forma velada no cotidiano escolar, deve ser levado em conta ao se pensar em um novo projeto antirracista, até porque opor-se efetivamente ao racismo é tornar nosso ambiente escolar inclusivo. Sei que, como formanda do 3º ano do ensino médio, não viverei as mudanças pretendidas no colégio, mas espero que este depoimento auxilie na criação de um ambiente escolar menos hostil à diversidade.

PARTE II
VESTIBULAR INDÍGENA UNICAMP 2023

VESTIBULAR INDÍGENA UNICAMP 2023

INTRODUÇÃO

A DIVERSIDADE INDÍGENA E O INGRESSO NA UNICAMP: UMA TROCA PLURAL DE SABERES E APRENDIZAGENS

Luciana Amgarten Quitzau
Cynthia Agra de Brito Neves

Como já anunciado na Apresentação, este ano, o livro *Redações* traz também textos produzidos pelos candidatos às vagas do Vestibular Indígena. De 2019 a 2023, houve um aumento significativo de candidatos indígenas realizando o exame seletivo para ingresso na Unicamp, o que permitiu o acesso a um conjunto ainda mais diverso de produções, fazendo com que a Comvest decidisse que este era o momento de compartilhar com a comunidade acadêmica e a escolar importantes reflexões desenvolvidas por estudantes de diferentes povos indígenas e expressas nas redações produzidas por eles. Para essa estreia, foram selecionados seis textos (três de cada proposta) produzidos por representantes das etnias Atikum, Kambeba, Jiripancó, Pataxó e Potiguara. Esse número certamente irá crescer conforme o Vestibular Indígena continuar se consolidando como política afirmativa da Unicamp.

Nesta edição de 2023, os candidatos tiveram acesso a duas propostas de redação e puderam escolher a que iriam desenvolver. Na **Proposta 1**, eles eram convidados a se colocar na posição de um(a) jovem indígena que decide escrever um *artigo de opinião* para um *site* bastante acessado em sua região, posicionando-se em relação ao fato de que jovens indígenas estão assumindo nomes étnicos. Em seu texto, os candidatos deveriam apresentar a questão, destacando sua importância para os povos indígenas, identificar pontos de vista relacionados a ela e assumir uma posição em relação ao uso dos nomes indígenas. Após tais instruções, a proposta apresentava, em destaque, a definição do *gênero discursivo artigo de opinião* e, na sequência, oferecia uma coletânea de textos que os candidatos deveriam, necessariamente, levar em conta na produção de seu texto, sem, contudo, copiá-los.

O primeiro texto da coletânea historiciza que a negação do nome próprio tradicional indígena aconteceu no século XVIII, por decisão do Marquês de Pombal, que determinou que os indígenas fossem tratados como homens brancos, devendo, portanto, usar nomes e sobrenomes portugueses. Foi a Constituição Federal de 1988 que promulgou o direito de os povos originários se identificarem com seus nomes nativos e, em 2012, o Conselho Nacional de Justiça permitiu o direito à retificação de seus nomes. Eliane Potiguara, Ailton Krenak, Daniel Munduruku, Marcos Terena e outros escritores indígenas usam o nome de sua etnia como sobrenome, (re)afirmando, assim, sua ancestralidade.

O segundo e terceiro textos da coletânea trazem depoimentos de personalidades indígenas. O segundo nos apresenta Márcia Kambeba (seu nome no mundo branco), conhecida na sua aldeia como Wayna Kiana, que significa "moça magrinha que canta". Segundo Kambeba, manter o nome indígena é uma maneira de fortalecer seu povo, sua ancestralidade e sua memória; é um ato de resistência, já que dá continuidade à luta, aos saberes e à permanência desse povo, a quem foi negado o direito ao nome. O terceiro texto, por sua vez, apresenta-nos a artista e ativista Moara Tupinambá, cujo nome significa em tupi antigo "aquele que dá à luz", "ajuda a nascer". Em seu depoimento, Moara explica que também carrega os nomes dos colonizadores: Brasil, Xavier e da Silva, mas usa o nome Tupinambá, seu nome de honra, de origem, de família.

Os candidatos que escolheram a primeira proposta, e cujas redações foram bem avaliadas, demonstraram que seguiram corretamente as instruções do enunciado e usaram com propriedade os textos da coletânea em prol de seu projeto de texto. É o que se constata nas três primeiras redações apresentadas a seguir. Em seus respectivos artigos de opinião, os jovens indígenas acusam a colonização pela privação de seus direitos básicos, como o de ter o nome próprio indígena e poder usá-lo, certamente baseados no texto 1: "*Por muito tempo nós indígenas tivemos o direito ao autorreconhecimento e a apropriação das nossas características negados pelo sistema estatal colonial*"; "*o nome indígena foi negado há muito tempo pelos Kairuas (Brancos) desde a época da colonização no Brasil, trazendo a sua cultura e negando os costumes dos que já habitavam aqui*" e "*Passados mais de cinco séculos das 'invasões' europeias, quando tivemos a dizimação e escravização de centenas de povos indígenas, além da negação de seus direitos básicos [...]. Um exemplo é a questão identitária, a qual vai muito além da identificação, sendo primordial para a valorização cultural do seu povo e o reconhecimento da sua origem*".

Culpam, portanto, a colonização portuguesa pelo início do genocídio e declaram luta como forma de resistência para preservar valores, saberes, cultura, identidade e ancestralidade de seu povo. Reconhecem que "*sempre houve a tentativa de embranquiçar a raça indígena e apagar a sua contribuição na história do país, mas nunca aceitamos tais atos, resistimos todas as vezes*"; assim, é necessária "*a luta de vários parentes [...] [para ter] o direito ao uso do nome indígena*", e "*esta é uma luta que deve ser respeitada e apoiada também pela sociedade não indígena*". Desse modo, apresentam a questão, destacam a importância dela para os povos indígenas e argumentam contrariamente à perspectiva da sociedade branca e colonizadora, que muitas vezes nega esse importante autorreconhecimento, sobretudo "*nos dias atuais, como consequência do retrocesso do último governo, a situação tem ido de mal a pior em se tratando dos direitos que foram conquistados há anos*".

Apoiados nos textos 2 e 3 da coletânea, assumem uma posição favorável ao direito de usar nomes indígenas visando ao seu autorreconhecimento e à valorização da sua etnia, como o fez o ambientalista Ailton Krenak, pois, conforme argumenta o candidato indígena, "*é de extrema importância deixarmos a nossa marca onde quer que estejamos, nas diversas áreas da vida e da sociedade*". E, à maneira de Márcia Kambeba e Moara Tupinambá, explicam a importância do registro de batismo: "*Meu nome é Alessandro Inhape, na língua do meu povo chamo-me 'Yawarat' que significa a bravura e a força de uma onça grande, nome batizado e herdado do nosso cacique ancião, patriarca vovô Plácido, por eu estar sempre na luta com o nosso povo, em defender nossas terras, nossos lagos e nossas florestas*". Desse modo, concluem: "*os nomes indígenas vão muito além de estética ou capricho, trazem consigo toda sua história cultural e sua ancestralidade do seu povo [...], sendo primordial para a valorização cultural do seu povo e o reconhecimento da sua origem*".

Nota-se, portanto, que são textos que nos ensinam, que nos dão uma aula de cultura indígena ("*agir assim é como mostrar aos encantados de luz, guerreiros que já se foram, que valeu a pena cada luta para chegarmos até tudo que conquistamos hoje. E que, para além das dores de um povo injustiçado, é carregar o orgulho de ter o sangue indígena nas veias, a emoção de cantar toantes e dançar o toré, de se conectar com a natureza e pedir a proteção ao pai Tupã. Assim, que nós jovens sigamos sendo vozes da cultura indígena"*), sem, contudo, deixar de atender à leitura do enunciado e da coletânea de textos dispostos na prova para a escrita do artigo de opinião.

Na **Proposta 2**, os candidatos deveriam assumir o papel de um(a) jovem indígena alarmado(a) com o aumento das queimadas na Floresta Amazônica, com a impunidade dos criminosos e com o corte de verbas destinadas à Funai e ao Ibama. Esse(a) jovem, ciente de que as queimadas são uma questão de vida ou de morte para os povos indígenas e ribeirinhos e de que se trata de uma crise global, decide escrever uma *carta aberta* para ser lida por um(a) representante indígena no Congresso Nacional. Nessa carta, ele(a), indignado(a), deveria expor o problema e denunciar a omissão do governo da época, mostrar as consequências das queimadas e, ainda, convocar os membros do Congresso para defender a Floresta Amazônica. Assim como na proposta anterior, após as instruções, a definição do *gênero discursivo* (nesse caso, uma *carta aberta*) é apresentada aos candidatos. Além dela, também é apresentada uma coletânea para que eles usem os textos ali contidos – e não os copiem – na sua produção escrita.

O primeiro texto da coletânea aponta os números no corte de verbas no orçamento do Ministério do Meio Ambiente, em 2021: 240 milhões de reais, sendo 19 milhões de reais do Ibama. Apresenta também a fala consciente do cacique André Karipuna, que destaca a importância da Amazônia para o clima e para a água, portanto, não apenas para a sobrevivência dos indígenas, protetores da floresta, mas de toda a humanidade. Na sabedoria de suas palavras: são poucos indígenas para proteger toda a natureza; é muita terra para um só fazendeiro destruir.

O segundo texto da coletânea, por sua vez, chama a atenção para os números alarmantes, registrados pelo Instituto Nacional de Pesquisas Espaciais (Inpe), de focos de incêndio na Floresta Amazônica: 3.358 focos no bioma, entre 10 e 11 de agosto de 2019, conhecido como "Dia do Fogo". Apesar dos registros, o então presidente Jair Bolsonaro continuou negando o crime ambiental.

O terceiro texto da coletânea destaca que o Brasil tem obrigação de proteger a saúde dos seus povos originários, bem como a preocupação da Organização Mundial da Saúde (OMS) com as consequências das queimadas na Floresta Amazônica para a saúde dos povos indígenas, uma vez que a exposição à fumaça pode provocar uma série de doenças pulmonares e cardíacas.

Os candidatos que optaram pela segunda proposta e tiveram suas redações bem avaliadas, três delas selecionadas para este livro, também cumpriram corretamente as instruções do enunciado e usaram os textos da coletânea em consonância com seu projeto de texto. Dessa vez, o gênero discursivo solicitado é uma carta aberta que será lida no Congresso Nacional. Vale explicar que, mais do que as simples marcas formais, como cabeçalho e vocativo, o que de fato se valorizou nos textos apresentados adiante foi a capacidade argumentativa deles.

Assim as informações do enunciado eram inicialmente recuperadas para situar o leitor e sua produção escrita: "*É diante do corte de verbas no orçamento de órgãos como Funai e Ibama, do aumento das queimadas na Floresta Amazônica brasileira e da garantia de impunidade dos criminosos responsáveis que* escrevo esta carta". Em seguida, para culpabilizar a "omissão do governo Bolsonaro" pelo "sucateamento de órgãos responsáveis pela proteção de povos tradicionais e do meio ambiente"; ou, para ir direto ao ponto, anunciando o propósito daquela carta escrita: "Venho, através desta carta, com um coração partido, mas repleto de esperanças, clamar por ajuda e exigir um posicionamento sobre o infortúnio que se lança sobre a nossa importantíssima Floresta Amazônica brasileira".

A partir da leitura dos textos da coletânea, os argumentos vão sendo construídos pelos candidatos indígenas. Alguns textos se apoiaram na leitura produtiva do texto 1: "os cortes orçamentários no Ministério do Meio Ambiente, que inviabilizam a sua capacidade de fiscalizar atos criminosos, são feitos tomando por base os interesses capitalistas de empresários e latifundiários que lucram com o desmatamento e a pecuária extensiva, favorecendo o avanço da fronteira agrícola, esquecendo ou desprezando o valor da Floresta Amazônica para o clima global, a importância dos rios aéreos que ajudam no ciclo de chuvas nas regiões Norte, Centro-Oeste e Sudeste do Brasil, a dificuldade de subsistência que alguns povos indígenas, isolados ou não, irão encontrar quando partes importantes da floresta forem derrubadas ou queimadas, destruídas pelo fogo". E também do texto 2 da coletânea: "Conforme registrado e divulgado pelo Inpe (Instituto Nacional de Pesquisas Espaciais), em 22 de agosto de 2022, mais de 3 mil focos de incêndio na Floresta Amazônica foram registrados somente em um único dia, estabelecendo um recorde para o período registrado".

As informações do texto 3 também foram acolhidas na construção do projeto de texto, quando o autor argumentava, por exemplo, em torno das consequências das queimadas: "em sua maioria criminosas, desencadearam uma série de problemas respiratórios para aqueles que vivem na região e em seus arredores, risco de extinção de espécies endêmicas, poluição dos rios, entre outros. *Na ausência de uma fiscalização efetiva, o número de áreas desmatadas e de queimadas só irá crescer e será muito complicada a reversão desse cenário*"; ou, ainda: "*Dia após dia, dezenas de hectares da nossa Floresta são carbonizados, destruindo diversos elementos bióticos e abióticos fundamentais para o equilíbrio ecológico do nosso planeta, 'descartando-os' como se não tivessem uma mínima importância [...]. Queimadas em excessos e em larga escala são capazes de desabrigar centenas de espécies animais e levá-los à morte, extinguir centenas de plantas, desregular o clima, além de afetar a saúde daquelas pessoas fragilizadas que vivem pelos arredores*"; por fim: "*Alerto que os indígenas e ribeirinhos têm vivido sob o jugo do descaso ao passo que doenças respiratórias e outras os têm feito de reféns*".

Em todas as cartas abertas, a responsabilidade pela destruição da floresta e, por conseguinte, pelo extermínio dos povos indígenas e ribeirinhos deve-se ao "*(des)governo federal*", que "*despreza [...] a agricultura sustentável exercida por eles, excluindo-os de decisões sobre o ambiente em que vivem ou de um trabalho em conjunto, de parceria, para a proteção da floresta*". Por isso protestam – "*Até quando o governo será conivente com tais ações criminosas e irresponsáveis?*" – e, com razão, cobram do Congresso Nacional que se junte a eles "*na luta para salvar a Floresta Amazônica*", pois, afinal, reconhecem que "*é preciso novas políticas públicas para a saúde desses povos, para que não morram por uma crise humanitária e sanitária, como a que o povo Yanomami tem vivido devido ao garimpo ilegal*".

Nota-se, portanto, que, nos dois desafios que receberam, os estudantes indígenas responderam às tarefas que lhes foram solicitadas e produziram o seu texto escrito no gênero discursivo proposto. Em suas redações, fomentaram discussões maduras, registrando importantes denúncias sobre a violação dos direitos indígenas. Esses textos apresentam ao restante da sociedade brasileira uma realidade que muitos se negam a ver: a de que esses direitos são constantemente desrespeitados no país. Promover o acesso dos povos indígenas às universidades, sobretudo às universidades públicas, é apostar não apenas na ciência – sempre potencializada em um ambiente diverso –, mas também no futuro das próprias etnias, ampliando sua voz na defesa de sua cultura, de sua identidade e na garantia de seus direitos. A Unicamp acredita nessa troca plural de saberes e aprendizagens.

VESTIBULAR INDÍGENA UNICAMP 2023
PROPOSTA 1

Você é um(a) jovem indígena e tem percebido que muitos parentes estão assumindo nomes indígenas para afirmar suas etnias e garantir seu direito à identidade e ao autorreconhecimento. O direito ao nome étnico, garantido pela Constituição Federal de 1988, tem sido dificultado na hora do registro – em geral, por preconceito. Sabendo que as formas de nomeação variam de acordo com as etnias e estão relacionadas a questões culturais, históricas e políticas, você decide escrever um **artigo de opinião** para um *site* muito acessado no lugar em que você mora, a fim de convencer seus leitores.

Nesse texto, você deve **(a)** apresentar a questão destacando sua importância para os povos indígenas; **(b)** identificar dois pontos de vista sobre a questão tratada; **(c)** assumir uma posição em relação aos nomes indígenas.

Para escrever seu texto, escolha um título e leve em conta a coletânea de textos apresentada a seguir.

A simples cópia dos textos da coletânea anulará sua redação.

> **Artigo de opinião** é um texto jornalístico escrito por especialistas ou cidadãos, que expressa a posição do autor sobre um tema de interesse público.

1. O direito ao nome próprio tradicional indígena foi negado pelo Marquês de Pombal no século XVIII – os indígenas deveriam ser tratados como se fossem brancos, com nomes e sobrenomes como os das famílias de Portugal. Embora essa lei tenha sido revogada, o costume de negar o nome próprio aos indígenas continuou vigente no Estado brasileiro. Mais recentemente, nomes civis e culturalmente brasileiros vêm sendo alterados para nomes que pertencem às tradições de seus povos. O direito nacional de se identificarem como povos originários foi promulgado pela Constituição Federal (1988) e, mais recentemente, o direito à retificação dos nomes brasileiros para os indígenas, pelo Conselho Nacional de Justiça – CNJ (2012).

Uma das estratégias dos escritores indígenas para afirmar os pertencimentos ancestrais foi utilizar o nome do povo como sobrenome. É o caso de Eliane Potiguara, Ailton Krenak, Daniel Munduruku, Marcos Terena, entre outros.

(Adaptado de DORRICO, Julie. "Temos direito a nomes indígenas?". *Ecoa*, 1º/6/2022.)

2. No mundo branco, Márcia Kambeba é Márcia. Quando está na aldeia, chama-se Wayna Kiana, que significa "moça magrinha que canta". Ela fala sobre a importância de poder exercer o direito de se identificar como indígena e manter a ancestralidade de seu povo: "A importância de se ter um nome indígena é que fortalece o povo, mantém viva a chama ancestral da nossa memória, da nossa resistência. É uma continuidade da luta, dos saberes e da permanência desse povo, porque antes nos foi negado esse direito".

(Adaptado de CAMPELO, Lilian. "No Pará, dois mil indígenas cobram direito de usar nome étnico". *Brasil de Fato*, 16/11/2017.)

3. Moara Tupinambá (@moaratupinamba) é artista visual, curadora, ativista e atua em projetos de desenvolvimento de comunicações gráficas para projetos indígenas.

"Meu nome é Moara e foi um nome dado por minha madrinha. É um nome Tupi Antigo que significa 'aquele que dá à luz', 'ajuda a nascer'. Eu carrego também os nomes dos colonizadores: Brasil, Xavier e da Silva, mas uso o nome Tupinambá, um nome que honra a minha origem, da minha família materna, resquício e memória deles."

Arte de Moara Tupinambá, "Autorretrato".

(Adaptado de "Conheça a artista Moara Ibirapitanga". Entrevista ao *site Arapuru*, em 9/6/2022.)

VESTIBULAR INDÍGENA UNICAMP 2023
PROPOSTA 2

Você é um(a) jovem indígena que está alarmado(a) com o aumento das queimadas na Floresta Amazônica brasileira. Com o corte de verbas no orçamento destinado a órgãos como a Funai e o Ibama, e a garantia de impunidade dos criminosos, as queimadas vêm se tornando cada vez mais uma questão de vida ou morte de povos indígenas e ribeirinhos, e de milhões de seres vivos. Trata-se, portanto, de uma crise global.

Você se sente indignado(a) com a situação e decide, então, escrever uma **carta aberta** para ser lida por um(a) representante indígena no Congresso Nacional. Nesse texto, você deve **(a)** expor o problema e denunciar a omissão do atual governo; **(b)** destacar o papel dos povos indígenas na proteção da floresta, as consequências das queimadas; **(c)** convocar os membros do Congresso a tomarem a defesa da Floresta Amazônica.

Para escrever seu texto, escolha um título e leve em conta a coletânea apresentada a seguir.

A simples cópia dos textos da coletânea anulará sua redação.

Carta aberta é um gênero textual argumentativo, cujo objetivo é apresentar informações de interesse coletivo, solicitando um posicionamento ou uma ação de seu destinatário.

---

1. Em 2021, o Planalto anunciou um corte de 240 milhões de reais no orçamento do Ministério do Meio Ambiente, sendo 19 milhões de reais só nas contas do Ibama, enfraquecendo ainda mais a capacidade de fiscalização do órgão. O cacique André Karipuna relembra que "é preciso entender a floresta como algo que tem valor não só pra gente, que somos protetores dela, mas também para o clima, para a água e para a humanidade". E afirma: "Pra nós, eles dizem que é muita terra para pouco índio. Mas, na verdade, somos poucos índios para proteger toda essa natureza tão grande. E é curioso como nunca dizem 'é muita terra para um só fazendeiro destruir'".

(Adaptado de ALESSI, Gil. "Amazônia em chamas, uma radiografia de fogo e violência em Rondônia". *El País*, 12/9/2021.)

2. No mesmo dia em que Jair Bolsonaro disse, em rede nacional, ser uma "mentira" que o Brasil se tornou um destruidor da floresta, a Amazônia registrou o maior número de focos de incêndio pelo menos dos últimos seis anos. Na segunda-feira (22 de agosto de 2022), o Instituto Nacional de Pesquisas Espaciais (Inpe) registrou um recorde: 3.358 focos no bioma. O número de focos na data foi maior do que o registrado no que ficou conhecido como "Dia do Fogo", que aconteceu entre 10 e 11 de agosto de 2019.

(Adaptado de PRIZIBISCZKI, Cristiane. "Explode número de queimadas na Amazônia e fumaça encobre cidades do Pará e Amazonas". *O Eco*, 24/8/2022.)

3. O Brasil tem a obrigação de proteger o direito ao mais alto padrão possível de saúde dos povos indígenas, de maneira não discriminatória, e tem diversas obrigações de tratado que demandam ações coordenadas e com consulta aos povos indígenas, para proteger seus direitos. De acordo com a

Organização Mundial da Saúde (OMS), a exposição a fumaça e cinzas produzidas pelas queimadas pode causar irritação nos olhos, no nariz, na garganta e nos pulmões; redução da função pulmonar, incluindo tosse e sibilo; inflamação pulmonar, bronquite, agravamento de asma e outras doenças pulmonares; e exacerbação de doenças cardiovasculares, como insuficiência cardíaca.

(Adaptado de "O ar é insuportável". Os impactos das queimadas associadas ao desmatamento da Amazônia brasileira na saúde, 2019. Relatório do Instituto de Pesquisa Ambiental da Amazônia (Ipam), Instituto de Estudos para Políticas de Saúde (Ieps) e Human Rights Watch.)

VESTIBULAR INDÍGENA UNICAMP 2023
EXPECTATIVAS DA BANCA

A prova de redação do Vestibular Indígena Unicamp 2023 foi composta por duas propostas temáticas atuais: o direito ao nome étnico, garantido pela Constituição Federal de 1988, e o gravíssimo problema das queimadas criminosas na Floresta Amazônica. Acompanhadas de informações e dados fornecidos por duas coletâneas, as propostas têm por objetivo avaliar as competências de leitura e escrita dos candidatos e sua habilidade de configurar o gênero discursivo indicado – texto de opinião e carta aberta, contemplando a proposta temática apresentada em cada caso. Para isso, os enunciados oferecem instruções sobre a produção, de modo que os textos possam corresponder às expectativas da banca elaboradora.

Proposta 1

Os candidatos que optassem pela **Proposta 1** deveriam se posicionar em relação à importância do uso de nomes próprios indígenas como forma de se identificar como parte de uma etnia e de reafirmar as tradições de seus povos. A situação de produção criada pela banca elaboradora identifica, na primeira linha, uma questão que diz respeito diretamente a cada candidato. Em seu texto, o(a) indígena é orientado(a) a escrever um **texto de opinião** sobre as formas de nomeação. O enunciado destaca as tarefas de cada candidato(a): **a)** apresentar a questão do direito ao nome e sua importância para os povos indígenas; **b)** identificar dois pontos de vista sobre a questão tratada; **c)** assumir uma posição em relação aos nomes indígenas.

A banca elaboradora espera que, ao redigir o artigo de opinião, o(a) candidato(a) atenda às orientações propostas para a realização da tarefa e adote as **formas próprias do gênero textual** indicado. Na construção dos argumentos articulados ao direito ao nome indígena, é fundamental que o autor do texto considere informações encontradas na coletânea apresentada. O primeiro excerto, com informações e dados relativos a leis que regulam o direito a esse nome, pode ser aproveitado pelos candidatos para sublinhar tanto o direito quanto a importância do uso do nome, exemplificado pela estratégia (apresentada no segundo parágrafo) de que se valem escritores indígenas para reafirmar seus pertencimentos ancestrais. O segundo e o terceiro excertos trazem depoimentos sobre a importância da adoção de nomes indígenas e podem ajudar o(a) candidato(a) a assumir sua posição com relação a seus próprios nomes étnicos e a explicitá-la, desenvolvendo sua argumentação.

Proposta 2

Na **Proposta 2**, o primeiro parágrafo já anuncia a problemática das queimadas na Floresta Amazônica brasileira, além de destacar o impacto dessas ações para as mais diversas formas de vida na floresta. Diante do sentimento de indignação perante as medidas institucionais que minimizam e negligenciam a proteção desse espaço e daqueles que ali vivem, o(a) candidato(a) é orientado(a) a escrever uma carta aberta a ser lida no Congresso Nacional por um(a) representante indígena. Nesse texto, é esperado que o(a) candidato(a) saiba **contextualizar o problema** e **explicitar seu posicionamento** a partir do olhar dos povos indígenas, cobrando, assim, medidas efetivas dos parlamentares.

Espera-se que, ao redigir a carta, o(a) candidato(a) deixe claro o motivo da interlocução com os destinatários, e que, atendendo às orientações da tarefa e às especificidades do gênero textual indicado, seu texto se configure como uma convocação, um chamado para ação, que se materializa na redação da carta aberta. Além disso, espera-se que o(a) candidato(a) seja capaz de apresentar dois argumentos articulados ao assunto em pauta, ou seja, a (falta de) proteção da Floresta Amazônica em face das queimadas e sua relação com a posição omissa do governo nesse aspecto.

Na construção desses argumentos, é também crucial que o(a) autor(a) da carta considere, em seu texto, informações encontradas na coletânea apresentada, já que os excertos apresentam pontos importantes para fortalecer a argumentação do(a) candidato(a). Por isso, a coletânea deve ser referenciada – embora não copiada – na carta. O(A) candidato(a) deverá, obrigatoriamente, relacionar as queimadas (e suas consequências para as vidas na floresta) às medidas políticas (com base em informações citadas ou não na coletânea) que, conforme sinaliza o texto introdutório da proposta, fomentam a destruição desse espaço.

VESTIBULAR INDÍGENA UNICAMP 2023

REDAÇÕES DOS CANDIDATOS
PROPOSTA 1

REDAÇÃO 31

AMANDA LOPES DA SILVA
Ensino Médio (escola pública)
Carnaubeira da Penha / PE
Etnia Atikum
Medicina (Integral) – UFSCar / (1ª opção)

Identidade e autorreconhecimento: um bem para a
conservação da cultura indígena

Por muito tempo nós, indígenas, tivemos o direito ao autorreconhecimento e à apropriação das nossas características negado pelo sistema estatal colonial. No entanto, observa-se que na atualidade essa realidade tem mudado bastante, pois, através da resistência indígena, estamos cada vez mais nos apossando do nosso próprio modo de ser, como tem sido o caso de nós jovens, já que estamos nos denominando com nomes que revelam as raízes de onde viemos, a fim de preservá-las. Com base nisso, é imprescindível retratar a contribuição desse fato para o resgate da ancestralidade, assim como para a valorização da cultura indígena.

Nessa perspectiva, é notória a importância da ancestralidade para a manutenção cultural dos valores e saberes dos povos primitivos. Diante disso, é fato que o conhecimento cultural é fundamental para que as práticas culturais se perpetuem pelas próximas gerações. É por isso que os nossos pais, avós, o cacique e as lideranças repassam, desde quando somos crianças, o valor cultural e espiritual que é estar conectado com a etnia e a aldeia e o movimento indígena como um todo. Devido a isso, nos dias atuais, a força da juventude tem adentrado na luta indígena, sendo resistência e reforçando a memória dos ancestrais. Com isso a busca pela representatividade tem sido muito mais presente.

Ademais, o ambientalista Ailton Krenak diz que é essencial que continuemos contribuindo na expressão dos valores indígenas, pois são esses que possibilitam a preservação da maneira única de agir com o meio ambiente e o meio social. Acerca disso, é inegável a coerência nas palavras de Ailton e a total afinidade com o tema, visto que pode se afirmar que sempre houve a tentativa de embranquiçar a raça indígena e apagar a sua contribuição na história do país, mas nunca aceitamos tais atos, resistimos todas as vezes. Desse modo, fica ainda mais explícito como é importante a presença juvenil, como a que surgiu com o autorreconhecimento e que promete continuar firme tanto na valorização da cultura quanto na da identidade de cada um ao se reconhecer como um ser indígena que tem o povo para representar e uma cultura a ensinar à geração que lhe sucede.

Dito isso, digo que é de extrema importância deixarmos a nossa marca onde quer que estejamos, nas diversas áreas da vida e da sociedade. Agir assim é como mostrar aos encantados de luz, guerreiros que já se foram, que valeu a pena cada luta para chegarmos até tudo que conquistamos hoje. E que, para além das dores de um povo injustiçado, carregamos o orgulho de ter o sangue indígena nas veias, a emoção de cantar toantes e dançar o toré, de se conectar com a natureza e pedir a proteção ao pai Tupã. Assim, que nós jovens sigamos sendo vozes da cultura indígena.

REDAÇÃO 32

ALESSANDRO DOS SANTOS INHAPE
Ensino Médio (escola pública)
São Paulo de Olivença / AM
Etnia Kambeba
Tradução e Interpretação em Libras/Língua Portuguesa
(Integral) – UFSCar / (1ª opção)

O nome indígena: sua importância de luta e de resistência
para os povos originários

Segundo a história dos nossos antepassados, o nome indígena foi negado há muito tempo pelos Kairuas (Brancos) desde a época da colonização no Brasil, trazendo a sua cultura e negando os costumes dos que já habitavam aqui. Com o passar dos anos, a luta de vários parentes garantiu o direito ao uso do nome indígena a quem queira usar, porém ainda existem indígenas que, por vergonha, preconceito ou medo, não usam. Nos dias atuais, como consequência do retrocesso do último governo, a situação tem ido de mal a pior em se tratando dos direitos que foram conquistados há anos.

Eu, como jovem indígena da etnia Omágua Kambeba, estou na luta pelos nossos direitos juntamente com o nosso cacique e outros parentes, pois somos filhos desta terra sagrada, da floresta e das águas. Que tenhamos uma vida digna e harmônica nas aldeias, que a saúde, a educação e a valorização dos povos tradicionais sejam respeitadas e ajudadas.

Meu nome é Alessandro Inhape. Na língua do meu povo chamo-me "Yawaraté", que significa a bravura e a força de uma onça grande. Esse nome foi batizado e herdado do nosso cacique ancião, patriarca vovô Plácido, por eu estar sempre na luta com o nosso povo, em defender nossas terras, nossos lagos e nossas florestas. Assim como para mim e para outros parentes, o uso do nome indígena é o reconhecimento da história, da cultura e da luta do nosso povo, direito que foi negado desde quando nosso território foi invadido pelos Kaiuras.

Portanto, sou favorável ao direito ao autorreconhecimento através do uso dos nomes indígenas por parentes. Esses nomes carregam consigo um significado cultural, histórico, político, de lutas e de resistência para existir. Espero que isso venha despertar os outros parentes sobre a importância de se ter o nome indígena, pois somos uma grande aldeia, um único povo, lutando sempre.

REDAÇÃO 33

MARCONDY MAURICIO DE SOUZA
Ensino Médio (escola pública)
São Paulo de Olivença / AM
Etnia Kambeba
Medicina (Integral) – Unicamp / (1ª opção)

Meu nome, meu povo, minha vida

Passados mais de cinco séculos das "invasões" europeias, quando tivemos a dizimação e a escravização de centenas de povos indígenas, além da negação de seus direitos básicos, esses direitos ainda estão sendo conquistados (ou melhor, reconquistados), infelizmente, ao custo de muito sangue, e não na mesma velocidade. Um exemplo é a questão identitária, a qual vai muito além da identificação, sendo primordial para a valorização cultural do seu povo e o reconhecimento da sua origem. Por isso, essa é uma luta que deve ser respeitada e apoiada também pela sociedade não indígena.

Cabe destacar que a CF 1988 trouxe a garantia de diversos direitos aos povos originários, mas na prática ainda é uma realidade distante, pois a grande maioria sequer pode usar seu nome indígena de nascimento, em especial nos rincões do Brasil, como Amazonas e Pará, que são controlados por meia dúzia de famílias com forte poder econômico e político. Esquece-se do valor cultural que o nome indígena representa para cada povo, pois ali estão seus costumes, tradições etc., ou seja, seu verdadeiro valor imaterial. Destarte, necessita-se de maior intervenção do Estado para que se cumpram as leis.

Outro ponto que os nomes indígenas trazem é o reconhecimento das suas origens, o orgulho de pertencer ao seu povo ou a sua família – que muitas vezes trazem a linhagem do seu clã, como no povo Kambeba e Tukano, dos rios Negro e Solimões. Assim, esse e outros pontos são mais que suficientes para defendermos esse direito negado ou suprimido por séculos.

Portanto, os nomes indígenas vão muito além de estética ou capricho, trazem consigo toda sua história cultural e a ancestralidade do seu povo. Entretanto, essa luta e esse reconhecimento não são somente dos povos indígenas, pois, em um país que se diz multicultural e pluriétnico mundo afora, é preciso que todos e todas garantam esse direito na prática, combatendo o preconceito; assim, de fato, daremos mais um passo para nos tornarmos uma nação.

VESTIBULAR INDÍGENA UNICAMP 2023

REDAÇÕES DOS CANDIDATOS
PROPOSTA 2

REDAÇÃO 34

RONY DA CONCEIÇÃO GOMES
Ensino Médio (escola pública)
Pariconha / AL
Etnia Jiripancó
Medicina (Integral) – Unicamp / (1ª opção)

(Des)governo federal em ação

Saudações! É diante do corte de verbas no orçamento de órgãos como Funai e Ibama, do aumento das queimadas na Floresta Amazônica brasileira e da garantia de impunidade dos criminosos responsáveis que escrevo esta carta. Meu coração está repleto de tristeza e indignação. Todos esses eventos – frutos da omissão do governo Bolsonaro, de sua apatia e da tentativa de sucateamento de órgãos responsáveis pela proteção de povos tradicionais e do meio ambiente – caminham juntos para a destruição de povos indígenas e ribeirinhos. Suas consequências recaíram sobre todos os povos deste planeta e aqueles que mais sofreram com isso são os que encontram na Floresta Amazônica a sua subsistência.

Parece-me que as ações do governo – destaco aqui os cortes orçamentários no Ministério do Meio Ambiente, que inviabilizam a sua capacidade de fiscalizar atos criminosos – são feitas tomando por base os interesses capitalistas de empresários e latifundiários que lucram com o desmatamento e a pecuária extensiva, favorecendo o avanço da fronteira agrícola, esquecendo ou desprezando o valor da Floresta Amazônica para o clima global, a importância dos rios aéreos que ajudam no ciclo de chuvas nas regiões Norte, Centro-Oeste e Sudeste do Brasil, a dificuldade de subsistência que alguns povos indígenas, isolados ou não, irão encontrar quando partes importantes da floresta forem derrubadas ou queimadas, destruídas pelo fogo.

O atual governo despreza a relação harmônica de séculos dos povos indígenas com a Floresta Amazônica, bem como a agricultura sustentável exercida por eles, excluindo-os de decisões sobre o ambiente em que vivem ou de um trabalho em conjunto, de parceria, para a proteção da floresta. É preciso agir em comum com esses povos para a proteção da floresta, e não o contrário. Conforme registrado e divulgado pelo Inpe (Instituto Nacional de Pesquisas Espaciais), em 22 de agosto de 2022, mais de 3 mil focos de incêndio na Floresta Amazônica foram registrados somente em um único dia, estabelecendo um recorde para o período registrado. As consequências dessas queimadas, em sua maioria criminosas, desencadearam uma série de problemas respiratórios para aqueles que vivem na região e em seus arredores, risco de extinção de espécies endêmicas, poluição dos rios, entre outros. Na ausência de uma fiscalização efetiva, o número de áreas desmatadas e de queimadas só irá crescer e será muito complicada a reversão desse cenário.

Fica claro que cabe aos membros do Congresso Nacional a responsabilidade de mudar esse cenário de destruição desenfreada e proteger a Floresta Amazônica. É preciso que vocês trabalhem em conjunto e harmonia com os povos indígenas e ribeirinhos que habitam a região para preservar o futuro da floresta, o futuro climático do planeta e a conservação dos saberes indígenas ancestrais, desenvolvidos ao longo dos séculos. Pelo bem de todos!

REDAÇÃO 35

AURÉLIA SAMIRA ALVES DE SOUZA
Ensino Médio (escola pública)
Baía da Traição / PB
Etnia Potiguara
Medicina (Integral) – Unicamp / (1ª opção)

A Floresta clama por ajuda!
Recife, 22 de janeiro de 2023.
Prezado Congresso Nacional,

Venho, através desta carta, com o coração partido, mas repleto de esperanças, clamar por ajuda e exigir um posicionamento sobre o infortúnio que se lança sobre a nossa importantíssima Floresta Amazônica brasileira.

Dia após dia, dezenas de hectares da nossa Floresta são carbonizados, destruindo diversos elementos bióticos e abióticos fundamentais para o equilíbrio ecológico do nosso planeta, "descartando-os" como se não tivessem a mínima importância. Além disso, observa-se uma tentativa de omissão por parte do atual governo. Recentemente, eu e meus parentes fomos informados sobre o corte de verbas que eram destinadas às instituições como a Funai e o Ibama, principais órgãos responsáveis pela fiscalização e punição daqueles que cometem esses crimes ambientais. Até quando o governo será conivente com tais ações criminosas e irresponsáveis?

Embora a grande maioria vise à exploração, nós, indígenas, prezamos a conservação da nossa biodiversidade. Temos como prioridade a sustentabilidade desde o princípio. Sabemos acerca dos benefícios que essa imensidão verde nos traz. Estamos preservando o quanto podemos, mas sem ajuda é quase impossível. Queimadas em excesso e em larga escala são capazes de desabrigar centenas de espécies de animais e levá-los à morte, extinguir centenas de plantas, desregular o clima, além de afetar a saúde daquelas pessoas fragilizadas que vivem pelos arredores.

Portanto, esperamos que se sensibilizem e realizem ações a fim de reverter esse quadro. Juntem-se a nós e não sejam cúmplices da dilaceração do nosso planeta. Afinal, vocês do Congresso possuem a responsabilidade de estabelecer o equilíbrio neste país e fazer o possível para que a Floresta se mantenha em pé e colorida.

Atenciosamente,

S.

REDAÇÃO 36

HANNA KAROLINA DE ARAÚJO BATISTÃO
Ensino Médio (escola pública)
Alfenas / MG
Etnia Pataxó
Medicina (Integral) – Unicamp / (1ª opção)

Campinas, 22 de janeiro de 2023.
Prezado representante indígena,

Na Constituição Federal de 1988, nos artigos 231 e 232, são assegurados o bem-estar, a proteção e a preservação dos povos indígenas. Contudo, diante das lastimáveis cenas de destruição que ocorrem na Floresta Amazônica, percebe-se que a lei não tem sido praticada, a ponto de os povos terem sofrido tanto pela crise global ocasionada pelas queimadas quanto pela falta de políticas públicas que os preservem das queimadas intensas que destroem sua casa, a natureza.

Sabe-se que a perda de biodiversidade acarreta modificações no ecossistema, limitando a capacidade de suporte do *habitat* pela incidência das queimadas e pela fragmentação do ambiente. O desmatamento de vegetação nativa, o aumento do efeito estufa, as mudanças climáticas, as doenças, o desespero e o luto são uma parcela de como a Amazônia tem sido afligida; por isso, peço-lhe que lute pelo seu povo e que os crimes cometidos contra os indígenas não sejam romantizados ou esquecidos pelo Estado devido às *fake news* emitidas pelo governo.

Alerto que os indígenas e ribeirinhos têm vivido sob o jugo do descaso ao passo que doenças respiratórias e outras os têm feito de reféns. É preciso novas políticas públicas para a saúde desses povos, para que não morram por uma crise humanitária e sanitária, como a que o povo Yanomami tem vivido devido ao garimpo ilegal.

Desse modo, defendo a presença de indígenas em posições políticas e de planejamento de projetos para salvar a Floresta Amazônica, a partir do fato de que consideram a natureza como uma parente, como dito por Márcia Kambeba em um dos seus livros.

Rogo aos membros do Congresso que se juntem na luta para salvar a Floresta Amazônica, os povos indígenas que habitam ali, assim como as riquezas naturais predominantes nesse ecossistema. Vamos juntos ser resistência pelo bem das gerações futuras. Aguardo por novas notícias.

Atenciosamente.

Anotações

REDAÇÕES 2023

REDAÇÕES 2023

REDAÇÕES 2023

REDAÇÕES 2023

Título	Redações 2023: Vestibular Unicamp
Organização	Comvest
Coordenador editorial	Ricardo Lima
Secretário gráfico	Ednilson Tristão
Apoio e digitação	Lília Helena Bragança
	Luciana Amgarten Quitzau
Preparação dos originais	Lúcia Helena Lahoz Morelli
Revisão	Vilma Aparecida Albino
Editoração eletrônica	Silvia Helena P. C. Gonçalves
Design de capa	Ana Basaglia
Formato	14 x 21 cm
Papel	Avena 80 g/m^2 – miolo
	Cartão supremo 250 g/m^2 – capa
Tipologia	Minion Pro
Número de páginas	152

ESTA OBRA FOI IMPRESSA NA GRÁFICA MUNDIAL
PARA A EDITORA DA UNICAMP EM AGOSTO DE 2023.